host

Molière

$(\bar{a}fitri\jmath\bar{\jmath}) = host$

Amphitryon

Comédie

1668

Préface,
commentaires et notes
de Jean-Pierre Collinet

Le Livre de Poche

tenir à (j) · (Harap)

*Texte conforme à l'édition
des Grands Écrivains de la France*

le plaisir qu'on y prend tient à ce
que :..., the pleasure we get from
it is due to, or to be the result of.

panthéon. (pãté õ), = pantheon;
(Pantëiən): 1. (esp. in ancient Greece
or Rome) a temple to all the gods.
2. all commemorating a nation's
dead heroes.

baroque, (barɔkJ, 1. a style of archi-
tecture & decorative art in Europe
from the late 16th to early 18th century,
characterized by excessive ornamen-
tation ... & c.

Jean-Pierre Collinet, professeur à l'université de Dijon, auteur
d'une thèse sur *Le Monde littéraire de La Fontaine* (1970), a publié
notamment diverses éditions (La Fontaine, Perrault, Racine,
Boileau). Sur l'auteur du *Tartuffe*, on lui doit différentes études
ainsi qu'un volume où, sous le titre *Lectures de Molière* (A. Colin,
1973), sont regroupés les principaux jugements suscités par son
œuvre de dramaturge du XVIIᵉ siècle à nos jours. Jean-Pierre
Collinet a commenté *Tartuffe* dans Le Livre de Poche.

Préface

Il appartient d'ordinaire à des hommes de métier, comédiens, metteurs en scène, de présenter les pièces de théâtre publiées dans cette collection. Sera-t-il permis, cette fois, par exception, à l'un des simples spectateurs, parmi toute une multitude d'autres confondus sous le même anonymat collectif par l'obscurité qui s'établit dans la salle quand s'écarte ou se lève le rideau, d'évoquer ses souvenirs sur *Amphitryon* ? Mieux peut-être que les interprètes qui le jouent, le public sait quelle fascination exerce, par son charme unique, la magie de cette œuvre insolite, la plus inattendue mais non la moins réussie de Molière. Le plaisir qu'on y prend tient à ce que, sur le vieux mythe emprunté de Plaute, se greffe une réflexion sous-jacente, neuve et profonde, sur le bonheur de jouer la comédie. La poésie d'*Amphitryon*, ne nous y trompons pas, vient moins du panthéon classique dont elle utilise le personnel (et qui la peuple de dieux tellement convenus qu'ils nous amusent sans vraiment toucher notre imagination) qu'elle n'est due à ce qu'elle repose sur ce jeu de miroirs entre le réel et la fiction, si captivant pour la sensibilité de l'âge baroque dans la civilisation européenne, qu'a naguère étudié très savamment Georges Forestier. On s'étonne même que dans son ouvrage sur *Le Théâtre dans le théâtre sur la scène française du XVIIᵉ siècle*, publié chez Droz en 1981, il n'ait pas songé davantage à mettre en bonne place cette œuvre pirandellienne avant la lettre, où Molière, mieux qu'ailleurs — bien qu'au fond tout chez lui se ramène à ce thème fondamental —, exprime la capiteuse griserie de se couler dans un personnage autre que soi.

De Jupiter, ce don Juan divinisé, croira-t-on qu'il soit épris vraiment d'Alcmène, qu'il rend à son époux après en avoir épuisé la jouissance dans l'espace d'une nuit miraculeusement prolongée, mais unique ? On gagerait plutôt que dans cette passade, il est stimulé surtout par l'idée, non plus de se métamorphoser en bête, transformation trop connue et trop facile à sa toute-puissance, vulgaire travesti de carnaval, mais de se déguiser en homme afin d'entrer dans la peau de cette créature à la fois si proche et si différente de lui : Giraudoux dira d'autre façon ce qu'un dieu ressent dans cette incarnation.

Mercure le seconde, qui se charge du deuxième rôle dans l'aventure. Mais il s'engage moins avant dans l'identification avec celui qu'il représente ; il se contente d'une amusante composition : la pauvre Cléanthis en saura bien que dire... Au dieu son père de jouer les jeunes premiers avec une grâce de galanterie délicate et charmante. Au messager de l'Olympe, les emplois de la farce et le comique plus gros qu'on assaisonne des coups : soufflets ou projectiles. Son plaisir à lui ne consiste qu'à se costumer. Mais quel empressement, à la fin du prologue, à se dépouiller de sa personnalité propre pour « vêtir la figure / Du valet d'Amphitryon » ! Symétriquement, au terme de la pièce, il évoquera le moment où, la représentation terminée, le comédien, ivre de fatigue, remonte dans sa loge pour se démaquiller, se restaurer et redevenir lui-même. Entre-temps, il se sera offert le divertissement de mettre Amphitryon hors de ses gonds, en Mascarille ou Scapin désinvolte et sublimé.

Le vrai Sosie, de son côté, se donne à lui-même la comédie, à la fois auteur, metteur en scène, acteur unique et spectateur de son propre spectacle, bref homme de théâtre complet, au même titre que Molière, qui l'interprète, et dont il offre comme l'image légèrement caricaturale. A cet égard, la répétition de son ambassade, qui termine son monologue initial, rejoint et rappelle plaisamment l'autoportrait où le directeur de troupe, dans *L'Impromptu de Versailles*, se montrait en plein travail au milieu de ses camarades. Sosie joue avec la spontanéité des enfants et cette vivacité d'imagination qui leur permet de se projeter indifféremment dans le rôle de leur choix sans cesser pour autant de rester eux-mêmes ni de garder même assez de contrôle sur soi pour se regarder jouer, s'admirer et s'applaudir. Puissante faculté, par le décret de laquelle une lanterne devient à l'instant une personne et grâce à quoi deux armées en bataille tiennent dans le creux de la main ! Tout l'art de la scène en est sorti... Mais il ne plaira guère à Sosie de se découvrir à son tour joué, représenté par une « doublure » qui, le dépouillant de sa personnalité, s'empare de son personnage pour le tourner lui-même en dérision : d'excellent comédien à ses heures, il se mue en mauvais public dès qu'à ses dépens se donne la farce, qui le laisse non moins désemparé que contusionné.

La Nuit même est sollicitée de participer à l'entreprise théâtrale. Elle apparaît moins comme complice à son corps défendant de l'équipée jupitérienne, que comme la régisseuse ou la machiniste chargée du décor et des éclairages, qu'on invite à « plier » ses « voiles », quand arrive le moment d'un spectaculaire « changement à vue » tel qu'on les aime alors dans les pièces à machines, pour laisser place au lever d'un astre-dieu resplendissant.

Seuls dans toute cette mystification fantasmagorique, Alcmène et Amphitryon demeurent vrais : ils s'obstinent avec une sincérité désarmante à refuser d'entrer dans le jeu de la fiction dramatique, à la tenir pour ce qu'elle est : un mensonge. La jeune femme s'entête à ne pas vouloir comprendre la spécieuse dissociation dont lui parle Jupiter entre le personnage de l'amant et la personne de l'époux : l'amour et l'honnêteté la rendent volontairement fermée à l'idée de ce dédoublement qui constitue l'essence même du théâtre. Son mari ne prête à rire que pour prendre son malheur au tragique : frère en cela d'Alceste, qui détonnait dans le salon de Célimène, parce qu'il se révoltait contre l'hypocrisie de la comédie mondaine, le général thébain, devant l'absurdité de la situation, réagit le plus naturellement du monde, mais, pris au piège d'un univers truqué, ne peut apparaître, sous ce jour faux et cette lumière louche, que ridiculement inadapté. Qu'importent, dès lors, les applications malignes qu'on peut ou non découvrir, et qu'on décèlera tardivement, à Louis XIV, à la belle Athénaïs de Mortemart, au marquis de Montespan ? De telles clefs ne relèvent que de l'anecdote. Le secret de l'œuvre doit être cherché, plus profondément, dans l'expérience de son créateur comme comédien, et sans doute aussi comme homme, car s'il joue le valet, le mari d'Armande Béjart a mis dans le maître, il est permis de le soupçonner, plus de lui-même et de ses propres tourments, prenant ainsi quelque distance avec eux, de manière à se regarder dans le miroir d'Amphitryon. Ne cherchons toutefois ici ni thèse, ni message, ni confession. La pièce nous atteint et nous parle plus secrètement, plus subtilement : sa poésie exprime celle même du théâtre. On ne le comprend pas d'emblée, tant cette comédie singulière contient de quoi surprendre, déconcerter et même, de prime abord, déranger.

Le collégien de douze ou treize ans que j'étais, pendant l'Occupation, ne connaissant guère que ce qu'on apprend à cet âge de nos classiques, ne pressentait rien de tout cela lorsqu'il vit pour la première fois, d'un œil non moins ingénu que neuf, la pièce que jouait une des rares troupes à sillonner la province en cette sombre période, mais il se souvient encore de la révélation qu'il en reçut.

Certes, il ne dut écouter que distraitement les fadaises galantes débitées par Jupiter, plus attentif aux seules scènes où figurait Sosie, donnant ainsi tête baissée dans le panneau que tend la pièce, dont les parties comiques risquent d'éclipser le reste : déséquilibre très regrettable, car, outre que le « marivaudage » sentimental — si l'on peut employer ce terme avant Marivaux — et même le pathétique, ici, ne s'avèrent pas d'une qualité moins exquise que les bouffonneries burlesques, l'attrait de l'ensemble résulte du subtil dosage entre ces composantes antithétiques d'un amalgame qui défie la règle exigeant la séparation hiérarchique des genres, sans contrevenir à l'unité générale de ton.

Un peu plus tard, le disque, sous la forme d'un antique et vénérable soixante-dix-huit tours, m'apprenait à découvrir, grâce à l'impeccable articulation de l'interprète, Denis d'Inès, ainsi qu'à cette diction appuyée mais parfaite, qu'on cultivait avant-guerre à la Comédie-Française, et par laquelle il mettait en valeur le monologue de Sosie, l'extraordinaire plasticité de ce texte, la vigoureuse élasticité que l'emploi des vers irréguliers donne à la langue de Molière, de même que cette sorte de grâce ailée, perceptible déjà dans les vers blancs dont, une année avant *Amphitryon*, était semé *Le Sicilien ou l'Amour peintre*.

Je ne connus en revanche que par la photographie la mise en scène dans laquelle Jean-Louis Barrault a monté la pièce. Mais on peut rêver sur le cliché qui le représente, dans son costume stylisé de valet, juché sur un nuage comme sur un trapèze et dialoguant avec la Nuit : cette comédie, conçue pour être entendue, tant sa sinueuse versification flatte plaisamment l'oreille, vaut aussi par ses aspects spectaculaires, non moins amusants pour l'œil.

Le privilège, par la suite, me fut donné de voir — et j'en garde le souvenir précis — l'excellente interprétation

appuyé = overdone ; laboured

lecture

overdone éléments

To makup for/to compensate for. To compensate Lucking

de Jacques Charon et de Robert Hirsch au Français. Le premier, sans doute, tirait un peu trop vers le ridicule Amphitryon, qu'il représentait en cocu magnifique — et magnifiquement sot. Le second soulignait d'un trait sûr, mais appuyé, les composantes farcesques de la pièce : peut-être le délicat chef-d'œuvre s'en trouvait-il quelque peu décentré. Mais ils n'en formaient pas moins, du maître et du valet, un couple irremplaçable. Deux cassettes de magnétophone, récemment mises en circulation par la Comédie-Française, éditées en 1986 par INA-Cle international, avec une brochure illustrée d'une documentation photographique, nous permettent d'entendre à nouveau leur voix, et celle de Jean Piat (Mercure ironique à souhait), d'Yvonne Gaudeau (séduisante et spirituelle Alcmène), de Denise Gence (parfaite en Cléanthis).

Mais quel régal déjà que la simple lecture, pour peu qu'on la pratique, ainsi que le réclamait Molière même dans l'avis au lecteur de son *Amour médecin*, avec « des yeux » susceptibles de suppléer par l'imagination à tout ce qu'ajoute au texte « le jeu du théâtre » ! Nulle autre comédie de Molière, peut-être, ne s'apparente davantage d'avance à ce que Musset appellera « Théâtre dans un fauteuil » et Victor Hugo « Théâtre en liberté » : elle appartient à ce genre d'œuvres dramatiques dont on tire autant de plaisir à les lire qu'à les regarder, parce que le merveilleux que suppose leur donnée sollicite plus l'imagination d'un lecteur qu'elles ne pourront jamais, si somptueusement ou joliment montées qu'elles soient, enchanter les spectateurs à la représentation. Les acteurs chargés d'incarner les deux couples de sosies se ressembleraient-ils comme « deux gouttes de lait », encore faudrait-il bien, à la scène, quelque marque extérieure pour éviter que le public ne les confonde et ce détail seul suffirait pour empêcher l'illusion d'une parfaite identité. Celui qui lit, tout au contraire, admet sans difficulté,

irremplaçable : (irãplasabl) = irreplaceable

comme allant de soi, le postulat sur lequel repose toute l'intrigue et qui la rend si plaisante. Paradoxe d'un ouvrage écrit en vue de la réalisation scénique, mais dont la composante mythologique, propice pourtant à tous les prestiges du théâtre, s'accepte, au fond, avec moins de peine et se goûte mieux hors de toute mise en spectacle autre qu'imaginaire !

componente / constituent

propitious / auspicious / favourable;

JEAN-PIERRE COLLINET.

décentrer: to move (sth) away from the centre;
décentré: off-center

apparenter, s'apparenter = to resemble

suppléer à: to make up for, to compensate for;

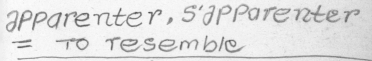

COCU (KɔKY) adj; elle est COCUE = her husband is unfaithful to her; elle le fait COCU = she is unfaithful to him; avec, with, she's cheating on him.
II. nm deceived husband/wife.

apparenter: s'apparenter = to resemble; le film s'apparente à un conte = the film resembles à fairy tale;

n'en déplaise à votre
Altesse ! may it please your
Highness !

ā̈nyïjø̷, -ø̷z
boring, tedious,
annoying

Amphitryon

A SON ALTESSE SÉRÉNISSIME

MONSEIGNEUR LE PRINCE[1]

MONSEIGNEUR,

N'en déplaise à nos beaux esprits, je ne vois rien de plus ennuyeux que les épîtres dédicatoires ; et VOTRE ALTESSE SÉRÉNISSIME trouvera bon, s'il lui plaît, que je ne suive point ici le style de ces messieurs-là, et refuse de me servir de deux ou trois misérables pensées qui ont été tournées et retournées tant de fois, qu'elles sont usées de tous les côtés. Le nom du GRAND CONDÉ est un nom trop glorieux pour le traiter comme on fait de tous les autres noms. Il ne faut l'appliquer, ce nom illustre, qu'à des emplois qui soient dignes de lui et, pour dire de belles choses, je voudrais parler de le mettre à la tête d'une armée plutôt qu'à la tête d'un livre ; et je conçois bien mieux ce qu'il est capable de faire en l'opposant aux forces des ennemis de cet État qu'en l'opposant à la critique des ennemis d'une comédie.

Ce n'est pas, MONSEIGNEUR, que la glorieuse approbation de VOTRE ALTESSE SÉRÉNISSIME ne fût une puissante protection pour toutes ces sortes d'ouvrages, et qu'on ne soit persuadé des lumières de votre esprit autant que de l'intrépidité de votre cœur et de la grandeur de votre âme. On sait, par toute la terre, que l'éclat de votre mérite n'est point renfermé dans les bornes de cette valeur indomptable qui se fait des adorateurs chez ceux même qu'elle surmonte ; qu'il s'étend, ce mérite, jusques aux connaissances les plus fines et les plus relevées, et que les décisions de votre jugement sur tous les ouvrages d'esprit ne manquent point d'être suivies par le sentiment des plus délicats. Mais on sait aussi, MONSEIGNEUR, que toutes ces glorieuses approbations dont nous nous vantons en public ne nous coûtent rien à faire imprimer ; et que ce sont des choses dont nous disposons comme nous voulons. On sait, dis-je, qu'une épître dédicatoire dit tout ce qu'il lui plaît, et qu'un auteur est en pouvoir d'aller saisir les personnes les plus augustes, et de parer de leurs grands noms les premiers feuillets de son livre ; qu'il a la liberté de s'y donner, autant qu'il le veut, l'honneur de leur estime, et de se faire des protecteurs qui n'ont jamais songé à l'être.

Je n'abuserai, MONSEIGNEUR, ni de votre nom, ni de vos bontés, pour combattre les censeurs de l'*Amphitryon* et m'attribuer une gloire que je n'ai peut-être pas méritée, et je ne prends la liberté de vous offrir ma comédie que pour avoir lieu de vous dire que je regarde incessamment[1], avec une profonde vénération, les grandes qualités que vous joignez au sang auguste dont vous tenez le jour, et que je suis, MONSEIGNEUR, avec tout le respect possible, et tout le zèle imaginable,

DE VOTRE ALTESSE SÉRÉNISSIME,
Le très humble, très obéissant,
et très obligé serviteur,

MOLIÈRE.

de manière à faire = so as to do

faire se...
tir son autorité=
authority felt; faire se.
beauté de qch.= to bring our
demonstrate or show the bea-
uty of sth;

les effects commencent
à se faire sentir = the effects
are beginning to be felt or to
make themselves felt.

Panneau, x (pano) sign, noticeboard;
il y a un panneau à l'entrée = there's
a sign at the entrance...;
Outre que = apart from; outre
qu'il est très serviable; il est
aussi très efficace= apart from being
obliging he is also very efficient;
not only is he obliging but he's also
very efficient. débiter...; 2. to reel
(mart'vod'83J
off; churn out...&c, nartvaudage=(ba-
dinage) gallant sophisticated banter.

Amphitryon

Comédie

Personnages

[handwritten annotation: avoir lieu d'être inquiet = to have (good) ground for being worried, to have [good] reason to be worried]

[handwritten annotation, left margin: épistre]

MERCURE *[handwritten annotation: (āfitrijɔ̃)]*

LA NUIT

JUPITER, *sous la forme d'Amphitryon*

AMPHITRYON, *général des Thébains*

ALCMÈNE, *femme d'Amphitryon*

CLÉANTHIS, *suivante d'Alcmène et femme de Sosie*

SOSIE, *valet d'Amphitryon*

ARGATIPHONTIDAS
NAUCRATÈS
POLIDAS   *capitaines thébains*
POSICLÈS

[handwritten annotation, right margin: attendant]

La scène est à Thèbes, devant la maison d'Amphitryon.

[handwritten annotation: avoir lieu (se produire) To take place.]

daigner (dene)
(= an deign, (dein) = to think
it fit or worthy of oneself
(to do sth.): condescend ... &c

Prologue

MERCURE, *sur un nuage;* LA NUIT, *dans un char
traîné par deux chevaux*

MERCURE

Tout beau ! charmante Nuit ; daignez vous arrêter[1] :
Il est certain secours que de vous on désire,
    Et j'ai deux mots à vous dire
    De la part de Jupiter.

LA NUIT

    Ah ! ah ! c'est vous, seigneur Mercure !
Qui vous eût deviné là, dans cette posture ?

MERCURE

Ma foi ! me trouvant las, pour ne pouvoir fournir
Aux différents emplois où Jupiter m'engage,
Je me suis doucement assis sur ce nuage,
10   Pour vous attendre venir.

LA NUIT

Vous vous moquez, Mercure, et vous n'y songez pas :
Sied-il bien à des Dieux de dire qu'ils sont las ?

MERCURE

Les Dieux sont-ils de fer ?

LA NUIT

           Non ; mais il faut sans cesse
Garder le *decorum* de la divinité.
Il est de certains mots dont l'usage rabaisse
    Cette sublime qualité,
    Et que, pour leur indignité,
    Il est bon qu'aux hommes on laisse.

MERCURE

           A votre aise vous en parlez,
 20 Et vous avez, la belle, une chaise roulante[1],
    Où par deux bons chevaux, en dame nonchalante,
    Vous vous faites traîner partout où vous voulez.
           Mais de moi ce n'est pas de même ;
    Et je ne puis vouloir, dans mon destin fatal,
           Aux poètes assez de mal
           De leur impertinence extrême,
           D'avoir, par une injuste loi,
           Dont on veut maintenir l'usage,
           A chaque Dieu, dans son emploi,
 30   Donné quelque allure en partage,
           Et de me laisser à pied, moi,
           Comme un messager de village,
    Moi, qui suis, comme on sait, en terre et dans les cieux,
    Le fameux messager du souverain des Dieux,
           Et qui, sans rien exagérer,
           Par tous les emplois qu'il me donne,
           Aurais besoin, plus que personne,
           D'avoir de quoi me voiturer.

LA NUIT

           Que voulez-vous faire à cela ?
 40   Les poètes font à leur guise :
           Ce n'est pas la seule sottise
           Qu'on voit faire à ces Messieurs-là.
    Mais contre eux toutefois votre âme à tort s'irrite,
    Et vos ailes aux pieds sont un don de leurs soins.

MERCURE

           Oui ; mais, pour aller plus vite,
           Est-ce qu'on s'en lasse moins ?

LA NUIT

           Laissons cela, seigneur Mercure,
           Et sachons ce dont il s'agit.

MERCURE

        C'est Jupiter, comme je vous l'ai dit,
50 Qui de votre manteau veut la faveur obscure,
           Pour certaine douce aventure
           Qu'un nouvel amour lui fournit.

Ses pratiques, je crois, ne vous sont pas nouvelles :
Bien souvent pour la terre il néglige les cieux ;
Et vous n'ignorez pas que ce maître des Dieux
Aime à s'humaniser pour des beautés mortelles,
           Et sait cent tours ingénieux,
        Pour mettre à bout[1] les plus cruelles.

        Des yeux d'Alcmène il a senti les coups ;
60 Et tandis qu'au milieu des béotiques[2] plaines,
           Amphitryon, son époux,
           Commande aux troupes thébaines,
Il en a pris la forme, et reçoit là-dessous
           Un soulagement à ses peines
Dans la possession des plaisirs les plus doux.
L'état des mariés à ses feux est propice :
L'hymen ne les a joints que depuis quelques jours ;
Et la jeune chaleur de leurs tendres amours
A fait que Jupiter à ce bel artifice
70   S'est avisé d'avoir recours.
Son stratagème ici se trouve salutaire ;
        Mais, près de maint objet[3] chéri,
Pareil déguisement serait pour ne rien faire,
Et ce n'est pas partout un bon moyen de plaire
           Que la figure d'un mari.

LA NUIT

    J'admire[4] Jupiter, et je ne comprends pas
    Tous les déguisements qui lui viennent en tête.

MERCURE

    Il veut goûter par là toutes sortes d'états,
        Et c'est agir en dieu qui n'est pas bête.
80 Dans quelque rang qu'il soit des mortels regardé,

Je le tiendrais fort misérable,
S'il ne quittait jamais sa mine redoutable,
Et qu'au faîte des cieux il fût toujours guindé.
Il n'est point, à mon gré, de plus sotte méthode
Que d'être emprisonné toujours dans sa grandeur ;
Et surtout aux transports de l'amoureuse ardeur
La haute qualité devient fort incommode.
Jupiter, qui sans doute en plaisirs se connaît,
Sait descendre du haut de sa gloire suprême ;
90   Et pour entrer dans tout ce qu'il lui plaît
Il sort tout à fait de lui-même,
Et ce n'est plus alors Jupiter qui paraît.

LA NUIT

Passe encor de le voir, de ce sublime étage,
        Dans celui des hommes venir,
Prendre tous les transports que leur cœur peut fournir,
        Et se faire à leur badinage,
Si, dans les changements où son humeur l'engage,
A la nature humaine il s'en voulait tenir ;
        Mais de voir Jupiter taureau,
100   Serpent, cygne[1], ou quelque autre chose,
        Je ne trouve point cela beau,
Et ne m'étonne pas si parfois on en cause.

MERCURE

        Laissons dire tous les censeurs :
        Tels changements ont leurs douceurs
        Qui passent leur intelligence.
Ce dieu sait ce qu'il fait aussi bien là qu'ailleurs ;
Et dans les mouvements de leurs tendres ardeurs,
Les bêtes ne sont pas si bêtes que l'on pense.

LA NUIT

Revenons à l'objet dont il a les faveurs.
110 Si par son stratagème il voit sa flamme heureuse,
Que peut-il souhaiter ? et qu'est-ce que je puis ?

MERCURE

    Que vos chevaux, par vous au petit pas réduits,
    Pour satisfaire aux vœux de son âme amoureuse,
            D'une nuit si délicieuse
            Fassent la plus longue des nuits ;
        Qu'à ses transports vous donniez plus d'espace,
        Et retardiez la naissance du jour
            Qui doit avancer le retour
            De celui dont il tient la place.

LA NUIT

120   Voilà sans doute un bel emploi
            Que le grand Jupiter m'apprête,
            Et l'on donne un nom fort honnête[1]
            Au service qu'il veut de moi.

MERCURE

            Pour une jeune déesse,
            Vous êtes bien du bon temps[2] !
            Un tel emploi n'est bassesse
            Que chez les petites gens.
    Lorsque dans un haut rang on a l'heur de paraître,
        Tout ce qu'on fait est toujours bel et bon ;
130   Et suivant ce qu'on peut être,
            Les choses changent de nom.

LA NUIT

            Sur de pareilles matières
            Vous en savez plus que moi ;
            Et pour accepter l'emploi,
            J'en veux croire vos lumières.

MERCURE

            Hé ! là, là, Madame la Nuit,
            Un peu doucement, je vous prie.
            Vous avez dans le monde un bruit
            De n'être pas si renchérie.
140 On vous fait confidente, en cent climats divers,
            De beaucoup de bonnes affaires ;

Et je crois, à parler à sentiments ouverts,
Que nous ne nous en devons guères[1].

LA NUIT

Laissons ces contrariétés[2],
Et demeurons ce que nous sommes :
N'apprêtons point à rire aux hommes
En nous disant nos vérités.

MERCURE

Adieu : je vais là-bas[3], dans ma commission,
Dépouiller promptement la forme de Mercure,
150   Pour y vêtir[4] la figure
Du valet d'Amphitryon.

LA NUIT

Moi, dans cet hémisphère, avec ma suite obscure,
Je vais faire une station.

MERCURE

Bon jour, la Nuit.

LA NUIT

Adieu, Mercure.

*Mercure descend de son nuage en terre, et la Nuit passe
dans son char.*

Acte I

Scène 1

SOSIE

Qui va là ? Heu ? Ma peur, à chaque pas, s'accroît.
　　Messieurs, ami de tout le monde[1]
　　Ah ! quelle audace sans seconde[2]
　　De marcher à l'heure qu'il est !
　　Que mon maître, couvert de gloire,
160　　Me joue ici d'un vilain tour[3]!
Quoi ? si pour son prochain il avait quelque amour,
M'aurait-il fait partir par une nuit si noire ?
Et pour me renvoyer annoncer son retour
　　Et le détail de sa victoire,
Ne pouvait-il pas bien attendre qu'il fût jour ?
　　Sosie, à quelle servitude
　　Tes jours sont-ils assujettis !
　　Notre sort est beaucoup plus rude
　　Chez les grands que chez les petits.
170 Ils veulent que pour eux tout soit, dans la nature,
　　Obligé de s'immoler.
Jour et nuit, grêle, vent, péril, chaleur, froidure,
　　Dès qu'ils parlent, il faut voler.
　　　Vingt ans d'assidu service
　　　N'en obtiennent rien pour nous ;
　　　Le moindre petit caprice
　　　Nous attire leur courroux.
　　Cependant notre âme insensée

S'acharne au vain honneur de demeurer près d'eux,
180 Et s'y veut contenter de la fausse pensée
Qu'ont tous les autres gens que nous sommes heureux.
Vers la retraite en vain la raison nous appelle ;
En vain notre dépit quelquefois y consent :
    Leur vue a sur notre zèle
    Un ascendant trop puissant,
Et la moindre faveur d'un coup d'œil caressant
    Nous rengage de plus belle.
    Mais enfin, dans l'obscurité,
Je vois notre maison, et ma frayeur s'évade.
190   Il me faudrait, pour l'ambassade,
    Quelque discours prémédité.
Je dois aux yeux d'Alcmène un portrait militaire
Du grand combat qui met nos ennemis à bas ;
    Mais comment diantre le faire,
    Si je ne m'y trouvai pas ?
N'importe, parlons-en et d'estoc et de taille,
    Comme oculaire témoin :
Combien de gens font-ils des récits de bataille
    Dont ils se sont tenus loin ?
200   Pour jouer mon rôle sans peine,
    Je le veux un peu repasser.
Voici la chambre où j'entre en courrier que l'on mène,
    Et cette lanterne est Alcmène,
    A qui je me dois adresser.

    Il pose sa lanterne à terre et lui adresse son compliment.

« Madame, Amphitryon, mon maître, et votre époux...
(Bon ! beau début !) l'esprit toujours plein de vos charmes,
    M'a voulu choisir entre tous,
Pour vous donner avis du succès de ses armes,
Et du désir qu'il a de se voir près de vous. »
210   *« Ha ! vraiment, mon pauvre Sosie,*
    A te revoir j'ai de la joie au cœur. »

« Madame, ce m'est trop d'honneur,
Et mon destin doit faire envie. »
(Bien répondu !) « *Comment se porte Amphitryon ?* »
« Madame, en homme de courage,
Dans les occasions[1] où la gloire l'engage. »
(Fort bien ! belle conception !)
« *Quand viendra-t-il, par son retour charmant,*
Rendre mon âme satisfaite ? »
220 « Le plus tôt qu'il pourra, Madame, assurément,
Mais bien plus tard que son cœur ne souhaite. »
(Ah !) « *Mais quel est l'état où la guerre l'a mis ?*
Que dit-il ? que fait-il ? Contente un peu mon âme. »
« Il dit moins qu'il ne fait, Madame,
Et fait trembler les ennemis. »
(Peste[2] ! où prend mon esprit toutes ces gentillesses ?)
« *Que font les révoltés ? dis-moi, quel est leur sort ?* »
« Ils n'ont pu résister, Madame, à notre effort :
Nous les avons taillés en pièces,
230   Mis Ptérélas leur chef à mort,
Pris Télèbe d'assaut, et déjà dans le port
Tout retentit de nos prouesses. »
« *Ah ! quel succès ! ô Dieux ! Qui l'eût pu jamais croire ?*
Raconte-moi, Sosie, un tel événement. »
« Je le veux bien, Madame ; et, sans m'enfler de gloire,
Du détail de cette victoire
Je puis parler très savamment.
Figurez-vous donc que Télèbe,
Madame, est de ce côté :

Il marque les lieux sur sa main, ou à terre.

240   C'est une ville, en vérité,
Aussi grande quasi que Thèbe,
La rivière est comme là.
Ici nos gens se campèrent ;
Et l'espace que voilà,
Nos ennemis l'occupèrent :

> Sur un haut, vers cet endroit,
> Était leur infanterie ;
> Et plus bas, du côté droit,
> Était la cavalerie.

250 Après avoir aux Dieux adressé les prières,
Tous les ordres donnés, on donne le signal.
Les ennemis, pensant nous tailler des croupières,
Firent trois pelotons de leurs gens à cheval ;
Mais leur chaleur par nous fut bientôt réprimée,
> Et vous allez voir comme quoi.
Voilà notre avant-garde à bien faire animée ;
> Là, les archers de Créon, notre roi ;
> Et voici le corps d'armée,

On fait un peu de bruit.

Qui d'abord... Attendez : le corps d'armée a peur. »
260   J'entends quelque bruit, ce me semble.

Scène 2

MERCURE, SOSIE

MERCURE, *sous la forme de Sosie.*
> Sous ce minois qui lui ressemble,
> Chassons de ces lieux ce causeur,
> Dont l'abord importun troublerait la douceur
> Que nos amants goûtent ensemble.

SOSIE
> Mon cœur tant soit peu se rassure,
> Et je pense que ce n'est rien.
> Crainte[1] pourtant de sinistre aventure,
> Allons chez nous achever l'entretien.

MERCURE

       Tu seras plus fort que Mercure,
270   Ou je t'en empêcherai bien.

SOSIE

Cette nuit en longueur me semble sans pareille.
Il faut, depuis le temps que je suis en chemin,
Ou que mon maître ait pris le soir pour le matin,
Ou que trop tard au lit le blond Phébus sommeille,
      Pour avoir trop pris de son vin.

MERCURE

      Comme avec irrévérence
      Parle des Dieux ce maraud !
      Mon bras saura bien tantôt
      Châtier cette insolence,
280 Et je vais m'égayer avec lui comme il faut,
En lui volant son nom, avec sa ressemblance.

SOSIE

      Ah ! par ma foi, j'avais raison :
      C'est fait de moi, chétive créature !
      Je vois devant notre maison
      Certain homme dont l'encolure[1]
      Ne me présage rien de bon.
      Pour faire semblant d'assurance,
      Je veux chanter un peu d'ici.

*Il chante ; et lorsque Mercure parle, sa voix s'affaiblit
peu à peu.*

MERCURE

Qui donc est ce coquin qui prend tant de licence[2],
290   Que de chanter et m'étourdir ainsi ?
Veut-il qu'à l'étriller ma main un peu s'applique ?

SOSIE

Cet homme assurément n'aime pas la musique.

MERCURE

Depuis plus d'une semaine,
Je n'ai trouvé personne à qui rompre les os ;
La vertu de mon bras se perd dans le repos,
Et je cherche quelque dos,
Pour me remettre en haleine.

SOSIE

Quel diable d'homme est-ce ci ?
De mortelles frayeurs je sens mon âme atteinte.
300   Mais pourquoi trembler tant aussi ?
Peut-être a-t-il dans l'âme autant que moi de crainte,
Et que le drôle parle ainsi
Pour me cacher sa peur sous une audace feinte ?
Oui, oui, ne souffrons point qu'on nous croie un oison :
Si je ne suis hardi, tâchons de le paraître.
Faisons-nous du cœur par raison ;
Il est seul, comme moi ; je suis fort, j'ai bon maître.
Et voïlà notre maison.

MERCURE

Qui va là ?

SOSIE

Moi.

MERCURE

Qui, moi ?

SOSIE

Moi. Courage, Sosie !

MERCURE

310 Quel est ton sort, dis-moi ?

SOSIE

D'être homme, et de parler.

MERCURE

Es-tu maître ou valet ?

SOSIE

Comme il me prend envie.

MERCURE

Où s'adressent tes pas ?

SOSIE

Où j'ai dessein d'aller.

MERCURE

Ah ! ceci me déplaît.

SOSIE

J'en ai l'âme ravie.

MERCURE

Résolument, par force ou par amour,
Je veux savoir de toi, traître,
Ce que tu fais, d'où tu viens avant jour,
Où tu vas, à qui tu peux être.

SOSIE

Je fais le bien et le mal tour à tour ;
Je viens de là, vais là ; j'appartiens à mon maître.

MERCURE

320 Tu montres de l'esprit, et je te vois en train
De trancher[1] avec moi de l'homme d'importance.
Il me prend un désir, pour faire connaissance,
De te donner un soufflet de ma main.

SOSIE

A moi-même ?

MERCURE

A toi-même : et t'en voilà certain.

Il lui donne un soufflet.

SOSIE

Ah ! ah ! c'est tout de bon !

MERCURE

Non : ce n'est que pour rire,
Et répondre à tes quolibets.

SOSIE

> Tudieu ! l'ami, sans vous rien dire[1],
> Comme vous baillez des soufflets !

MERCURE

> Ce sont là de mes moindres coups,
> 330   De petits soufflets ordinaires.

SOSIE

> Si j'étais aussi prompt[2] que vous,
> Nous ferions de belles affaires.

MERCURE

> Tout cela n'est encor rien,
> Pour y faire quelque pause[3] :
> Nous verrons bien autre chose ;
> Poursuivons notre entretien.

SOSIE

Je quitte la partie.

Il veut s'en aller.

MERCURE

> > Où vas-tu ?

SOSIE

> > > Que t'importe ?

MERCURE

> Je veux savoir où tu vas.

SOSIE

> Me faire ouvrir cette porte.
> 340   Pourquoi retiens-tu mes pas ?

MERCURE

Si jusqu'à l'approcher tu pousses ton audace,
Je fais sur toi pleuvoir un orage de coups.

SOSIE

> Quoi ? tu veux, par ta menace,
> M'empêcher d'entrer chez nous ?

MERCURE

Comment, chez nous ?

SOSIE

Oui, chez nous.

MERCURE

Ô le traître !
Tu te dis de cette maison ?

SOSIE

Fort bien. Amphitryon n'en est-il pas le maître ?

MERCURE

Hé bien ! que fait cette raison ?

SOSIE

Je suis son valet.

MERCURE

Toi ?

SOSIE

Moi.

MERCURE

Son valet ?

SOSIE

Sans doute.

MERCURE

350 Valet d'Amphitryon ?

SOSIE

D'Amphitryon, de lui.

MERCURE

Ton nom est... ?

SOSIE

Sosie.

MERCURE

Heu ? comment ?

SOSIE

Sosie.

MERCURE

Écoute :
Sais-tu que de ma main je t'assomme aujourd'hui ?

SOSIE

Pourquoi ? De quelle rage est ton âme saisie ?

MERCURE

Qui te donne, dis-moi, cette témérité
De prendre le nom de Sosie ?

SOSIE

Moi, je ne le prends point, je l'ai toujours porté.

MERCURE

Ô le mensonge horrible ! et l'impudence extrême !
Tu m'oses soutenir que Sosie est ton nom ?

SOSIE

Fort bien : je le soutiens, par la grande raison
360 Qu'ainsi l'a fait des Dieux la puissance suprême,
Et qu'il n'est pas en moi de pouvoir dire non,
Et d'être un autre que moi-même.

Mercure le bat.

MERCURE

Mille coups de bâton doivent être le prix
D'une pareille effronterie.

SOSIE

Justice, citoyens ! Au secours ! je vous prie.

MERCURE

Comment, bourreau, tu fais des cris ?

SOSIE

De mille coups tu me meurtris,
Et tu ne veux pas que je crie ?

MERCURE

C'est ainsi que mon bras...

SOSIE

                    L'action ne vaut rien :
370   Tu triomphes de l'avantage
    Que te donne sur moi mon manque de courage ;
            Et ce n'est pas en user bien.
            C'est pure fanfaronnerie
    De vouloir profiter de la poltronnerie
            De ceux qu'attaque notre bras.
    Battre un homme à jeu sûr[1] n'est pas d'une belle âme ;
            Et le cœur est digne de blâme
            Contre les gens qui n'en ont pas.

MERCURE

    Hé bien ! es-tu Sosie à présent ? qu'en dis-tu ?

SOSIE

380 Tes coups n'ont point en moi fait de métamorphose ;
    Et tout le changement que je trouve à la chose,
            C'est d'être Sosie[2] battu.

MERCURE

    Encor ? Cent autres coups pour cette autre impudence.

SOSIE

            De grâce, fais trêve à tes coups.

MERCURE

            Fais donc trêve à ton insolence.

SOSIE

    Tout ce qu'il te plaira ; je garde le silence :
    La dispute est par trop inégale entre nous.

MERCURE

            Es-tu Sosie encor ? dis, traître !

SOSIE

            Hélas ! je suis ce que tu veux ;
390 Dispose de mon sort tout au gré de tes vœux :
            Ton bras t'en a fait le maître.

MERCURE

    Ton nom était Sosie, à ce que tu disais ?

SOSIE

    Il est vrai, jusqu'ici j'ai cru la chose claire ;
            Mais ton bâton, sur cette affaire,
            M'a fait voir que je m'abusais.

MERCURE

    C'est moi qui suis Sosie, et tout Thèbes l'avoue :
    Amphitryon jamais n'en eut d'autre que moi.

SOSIE

    Toi, Sosie ?

MERCURE

            Oui, Sosie ; et si quelqu'un s'y joue,
       Il peut bien prendre garde à soi.

SOSIE

400 Ciel ! me faut-il ainsi renoncer à moi-même,
    Et par un imposteur me voir voler mon nom ?
          Que son bonheur est extrême
          De ce que je suis poltron !
    Sans cela, par la mort... !

MERCURE

             Entre tes dents, je pense,
      Tu murmures je ne sais quoi ?

SOSIE

    Non. Mais, au nom des Dieux, donne-moi la licence
      De parler un moment à toi.

MERCURE

    Parle.

SOSIE

          Mais promets-moi, de grâce,
       Que les coups n'en seront point.
410   Signons une trêve.

MERCURE

                              Passe ;
              Va, je t'accorde ce point.

SOSIE

    Qui te jette, dis-moi, dans cette fantaisie ?
    Que te reviendra-t-il de m'enlever mon nom ?
    Et peux-tu faire enfin, quand tu serais démon,
    Que je ne sois pas moi ? que je ne sois Sosie ?

MERCURE

              Comment, tu peux...

SOSIE

                              Ah ! tout doux :
              Nous avons fait trêve aux coups.

MERCURE

    Quoi ? pendard, imposteur, coquin...

SOSIE

                              Pour des injures,
              Dis-m'en tant que tu voudras :
420   Ce sont légères blessures,
              Et je ne m'en fâche pas.

MERCURE

    Tu te dis Sosie ?

SOSIE

              Oui. Quelque conte frivole[1]...

MERCURE

    Sus, je romps notre trêve, et reprends ma parole.

SOSIE

    N'importe, je ne puis m'anéantir pour toi,
    Et souffrir un discours si loin de l'apparence[2].
    Être ce que je suis est-il en ta puissance ?
              Et puis-je cesser d'être moi ?
    S'avisa-t-on jamais d'une chose pareille ?

Et peut-on démentir cent indices pressants ?
430   Rêvé-je ? est-ce que je sommeille ?
Ai-je l'esprit troublé par des transports puissants ?
        Ne sens-je pas bien que je veille ?
        Ne suis-je pas dans mon bon sens ?
Mon maître Amphitryon ne m'a-t-il pas commis[1]
A venir en ces lieux vers Alcmène sa femme ?
Ne lui dois-je pas faire, en lui vantant sa flamme,
Un récit de ses faits[2] contre nos ennemis ?
Ne suis-je pas du port arrivé tout à l'heure ?
        Ne tiens-je pas une lanterne en main ?
440 Ne te trouvé-je pas devant notre demeure ?
Ne t'y parlé-je pas d'un esprit tout humain ?
Ne te tiens-tu pas fort de ma poltronnerie
        Pour m'empêcher d'entrer chez nous ?
N'as-tu pas sur mon dos exercé ta furie ?
        Ne m'as-tu pas roué de coups ?
Ah ! tout cela n'est que trop véritable,
        Et plût au Ciel le fût-il moins[3] !
Cesse donc d'insulter au sort d'un misérable,
Et laisse à mon devoir s'acquitter de ses soins.

MERCURE

450 Arrête, ou sur ton dos le moindre pas attire
Un assommant éclat de mon juste courroux.
        Tout ce que tu viens de dire
        Est à moi, hormis les coups[4].
C'est moi qu'Amphitryon députe vers Alcmène,
Et qui du port Persique arrive de ce pas ;
Moi qui viens annoncer la valeur de son bras
Qui nous fait remporter une victoire pleine,
Et de nos ennemis a mis le chef à bas ;
C'est moi qui suis Sosie enfin, de certitude,
460   Fils de Dave, honnête berger ;
Frère d'Arpage, mort en pays étranger ;
        Mari de Cléanthis la prude,

   Dont l'humeur me fait enrager ;
Qui dans Thèbe ai reçu mille coups d'étrivière,
   Sans en avoir jamais dit rien,
Et jadis en public fus marqué par derrière[1],
   Pour être trop homme de bien.

SOSIE

  Il a raison. A moins d'être Sosie,
  On ne peut pas savoir tout ce qu'il dit ;
470 Et dans l'étonnement dont mon âme est saisie,
Je commence, à mon tour, à le croire un petit.
En effet, maintenant que je le considère,
Je vois qu'il a de moi taille, mine, action.
   Faisons-lui quelque question,
   Afin d'éclaircir ce mystère.
Parmi tout le butin fait sur nos ennemis,
Qu'est-ce qu'Amphitryon obtient pour son partage ?

MERCURE

  Cinq fort gros diamants, en nœud proprement mis,
  Dont leur chef se parait comme d'un rare ouvrage[2].

SOSIE

480 A qui destine-t-il un si riche présent ?

MERCURE

  A sa femme ; et sur elle il le veut voir paraître.

SOSIE

  Mais où, pour l'apporter, est-il mis à présent ?

MERCURE

  Dans un coffret, scellé des armes de mon maître.

SOSIE

  Il ne ment pas d'un mot à chaque repartie,
  Et de moi je commence à douter tout de bon.
  Près de moi, par la force, il est déjà Sosie ;
  Il pourrait bien encor l'être par la raison.
  Pourtant, quand je me tâte, et que je me rappelle,
   Il me semble que je suis moi.

490 Où puis-je rencontrer quelque clarté fidèle,
         Pour démêler ce que je voi ?
   Ce que j'ai fait tout seul, et que n'a vu personne,
   A moins d'être moi-même, on ne le peut savoir.
   Par cette question il faut que je l'étonne :
   C'est de quoi le confondre, et nous allons le voir.
   Lorsqu'on était aux mains, que fis-tu dans nos tentes,
         Où tu courus seul te fourrer ?

MERCURE
   D'un jambon...

SOSIE
                L'y voilà !

MERCURE
                        Que j'allai déterrer,
   Je coupai bravement deux tranches succulentes,
500   Dont je sus fort bien me bourrer ;
   Et joignant à cela d'un vin que l'on ménage,
   Et dont, avant le goût, les yeux se contentaient,
         Je pris un peu de courage,
         Pour nos gens qui se battaient.

SOSIE
         Cette preuve sans pareille
         En sa faveur conclut bien ;
         Et l'on n'y peut dire rien,
         S'il n'était dans la bouteille[1].
   Je ne saurais nier, aux preuves qu'on m'expose,
510 Que tu ne sois Sosie, et j'y donne ma voix.
   Mais si tu l'es, dis-moi qui tu veux que je sois ?
   Car encor faut-il bien que je sois quelque chose.

MERCURE
         Quand je ne serai plus Sosie,
         Sois-le, j'en demeure d'accord ;
   Mais tant que je le suis, je te garantis mort,
         Si tu prends cette fantaisie.

SOSIE

Tout cet embarras met mon esprit sur les dents,
        Et la raison à ce qu'on voit s'oppose.
    Mais il faut terminer enfin par quelque chose ;
520 Et le plus court pour moi, c'est d'entrer là-dedans.

MERCURE

    Ah ! tu prends donc, pendard, goût à la bastonnade ?

SOSIE

    Ah ! qu'est-ce ci ? grands Dieux ! il frappe un ton plus
    Et mon dos, pour un mois, en doit être malade.   [fort,
    Laissons ce diable d'homme, et retournons au port.
    Ô juste Ciel ! j'ai fait une belle ambassade !

MERCURE

    Enfin, je l'ai fait fuir ; et sous ce traitement
    De beaucoup d'actions il a reçu la peine.
    Mais je vois Jupiter, que fort civilement
            Reconduit l'amoureuse Alcmène.

Scène 3

JUPITER, ALCMÈNE, CLÉANTHIS, MERCURE

JUPITER

530 Défendez, chère Alcmène, aux flambeaux d'approcher[1].
    Ils m'offrent des plaisirs en m'offrant votre vue ;
    Mais ils pourraient ici découvrir ma venue,
            Qu'il est à propos de cacher.
    Mon amour, que gênaient tous ces soins éclatants
    Où me tenait lié la gloire de nos armes,
    Au devoir de ma charge a volé les instants
            Qu'il[2] vient de donner à vos charmes.
    Ce vol qu'à vos beautés mon cœur a consacré
    Pourrait être blâmé dans la bouche publique,

540   Et j'en veux pour témoin unique
    Celle qui peut m'en savoir gré.

ALCMÈNE

 Je prends, Amphitryon, grande part à la gloire
 Que répandent sur vous vos illustres exploits ;
   Et l'éclat de votre victoire
 Sait toucher de mon cœur les sensibles endroits ;
  Mais quand je vois que cet honneur fatal
   Éloigne de moi ce que j'aime,
 Je ne puis m'empêcher, dans ma tendresse extrême,
   De lui vouloir un peu de mal,
550 Et d'opposer mes vœux à cet ordre suprême
  Qui des Thébains vous fait le général.
 C'est une douce chose, après une victoire,
 Que la gloire où l'on voit ce qu'on aime élevé ;
 Mais parmi les périls mêlés à cette gloire,
 Un triste coup, hélas ! est bientôt arrivé.
 De combien de frayeurs a-t-on l'âme blessée,
  Au moindre choc dont on entend parler !
 Voit-on, dans les horreurs d'une telle pensée,
   Par où jamais se consoler
560   Du coup dont on est menacée ?
 Et de quelque laurier qu'on couronne un vainqueur,
 Quelque part que l'on ait à cet honneur suprême,
 Vaut-il ce qu'il en coûte aux tendresses d'un cœur
 Qui peut, à tout moment, trembler pour ce qu'il aime ?

JUPITER

 Je ne vois rien en vous dont mon feu ne s'augmente :
 Tout y marque à mes yeux un cœur bien enflammé ;
 Et c'est, je vous l'avoue, une chose charmante
 De trouver tant d'amour dans un objet aimé.
 Mais, si je l'ose dire, un scrupule me gêne
570 Aux tendres sentiments que vous me faites voir ;
 Et pour les bien goûter, mon amour, chère Alcmène,
 Voudrait n'y voir entrer rien de votre devoir :

Jean-Louis Barrault et Madeleine Renaud.
Mise en scène de J.-L. Barrault. (Théâtre Marigny, 1947.)

Qu'à votre seule ardeur, qu'à ma seule personne,
Je dusse les faveurs que je reçois de vous,
Et que la qualité que j'ai de votre époux
    Ne fût point ce qui me les donne.

ALCMÈNE

C'est de ce nom pourtant que l'ardeur qui me brûle
    Tient le droit de paraître au jour,
Et je ne comprends rien à ce nouveau[1] scrupule
580   Dont s'embarrasse votre amour.

JUPITER

Ah ! ce que j'ai pour vous d'ardeur et de tendresse
    Passe aussi celle d'un époux,
Et vous ne savez pas, dans des moments si doux,
    Quelle en est la délicatesse[2].
Vous ne concevez point qu'un cœur bien amoureux
Sur cent petits égards s'attache avec étude,
    Et se fait une inquiétude
    De la manière d'être heureux.
    En moi, belle et charmante Alcmène,
590 Vous voyez un mari, vous voyez un amant ;
Mais l'amant seul me touche, à parler franchement,
Et je sens, près de vous, que le mari le gêne.
Cet amant, de vos vœux jaloux au dernier point,
Souhaite qu'à lui seul votre cœur s'abandonne,
    Et sa passion ne veut point
    De ce que le mari lui donne.
Il veut de pure source obtenir vos ardeurs,
Et ne veut rien tenir des nœuds de l'hyménée,
Rien d'un fâcheux devoir qui fait agir les cœurs,
600 Et par qui, tous les jours, des plus chères faveurs
    La douceur est empoisonnée.
Dans le scrupule enfin dont il est combattu,
Il veut, pour satisfaire à sa délicatesse,
Que vous le sépariez d'avec ce qui le blesse,
Que le mari ne soit que pour votre vertu,

Et que de votre cœur, de bonté revêtu,
L'amant ait tout l'amour et toute la tendresse.

ALCMÈNE

Amphitryon, en vérité,
Vous vous moquez de tenir ce langage,
610   Et j'aurais peur qu'on ne vous crût pas sage,
Si de quelqu'un vous étiez écouté.

JUPITER

Ce discours est plus raisonnable,
Alcmène, que vous ne pensez ;
Mais un plus long séjour me rendrait trop coupable,
Et du retour au port les moments sont pressés.
Adieu : de mon devoir l'étrange barbarie
Pour un temps m'arrache de vous ;
Mais, belle Alcmène, au moins, quand vous verrez
Songez à l'amant, je vous prie.   [l'époux,

ALCMÈNE

620 Je ne sépare point ce qu'unissent les Dieux,
Et l'époux et l'amant me sont fort précieux.

CLÉANTHIS

Ô Ciel ! que d'aimables caresses
D'un époux ardemment chéri !
Et que mon traître de mari
Est loin de toutes ces tendresses !

MERCURE

La Nuit, qu'il me faut avertir,
N'a plus qu'à plier tous ses voiles ;
Et, pour effacer les étoiles,
Le Soleil de son lit peut maintenant sortir.

Scène 4
CLÉANTHIS, MERCURE

Mercure veut s'en aller.

CLÉANTHIS

630   Quoi ? c'est ainsi que l'on me quitte ?

MERCURE

      Et comment donc ? Ne veux-tu pas
      Que de mon devoir je m'acquitte ?
Et que d'Amphitryon j'aille suivre les pas ?

CLÉANTHIS

      Mais avec cette brusquerie,
      Traître, de moi te séparer !

MERCURE

      Le beau sujet de fâcherie !
Nous avons tant de temps ensemble à demeurer.

CLÉANTHIS

Mais quoi ? partir ainsi d'une façon brutale,
Sans me dire un seul mot de douceur pour régale[1] !

MERCURE

640   Diantre ! où veux-tu que mon esprit
      T'aille chercher des fariboles ?
Quinze ans de mariage épuisent les paroles,
Et depuis un long temps nous nous sommes tout dit.

CLÉANTHIS

      Regarde, traître, Amphitryon,
Vois combien pour Alcmène il étale de flamme,
Et rougis là-dessus du peu de passion
      Que tu témoignes pour ta femme.

MERCURE

Hé ! mon Dieu ! Cléanthis, ils sont encore amants.

Il est certain âge où tout passe ;
650 Et ce qui leur sied bien dans ces commencements,
En nous, vieux mariés, aurait mauvaise grâce.
Il nous ferait beau voir, attachés face à face
A pousser les beaux sentiments !

CLÉANTHIS

Quoi ? suis-je hors d'état, perfide, d'espérer
Qu'un cœur auprès de moi soupire ?

MERCURE

Non, je n'ai garde de le dire ;
Mais je suis trop barbon pour oser soupirer,
Et je ferais crever de rire.

CLÉANTHIS

Mérites-tu, pendard, cet insigne bonheur
660 De te voir pour épouse une femme d'honneur ?

MERCURE

Mon Dieu ! tu n'es que trop honnête :
Ce grand honneur ne me vaut rien.
Ne sois point si femme de bien,
Et me romps un peu moins la tête.

CLÉANTHIS

Comment ? de trop bien vivre on te voit me blâmer ?

MERCURE

La douceur d'une femme est tout ce qui me charme ;
Et ta vertu fait un vacarme
Qui ne cesse de m'assommer.

CLÉANTHIS

Il te faudrait des cœurs pleins de fausses tendresses,
670 De ces femmes aux beaux et louables talents,
Qui savent accabler leurs maris de caresses,
Pour leur faire avaler l'usage des galants.

MERCURE

Ma foi ! veux-tu que je te dise ?
Un mal d'opinion[1] ne touche que les sots ;

Et je prendrais pour ma devise :
« Moins d'honneur, et plus de repos. »

CLÉANTHIS

Comment ? tu souffrirais, sans nulle répugnance,
Que j'aimasse un galant avec toute licence ?

MERCURE

Oui, si je n'étais plus de tes cris rebattu,
680 Et qu'on te vît changer d'humeur et de méthode.
J'aime mieux un vice commode
Qu'une fatigante vertu.
Adieu, Cléanthis, ma chère âme :
Il me faut suivre Amphitryon.

Il s'en va.

CLÉANTHIS

Pourquoi, pour punir cet infâme,
Mon cœur n'a-t-il assez de résolution ?
Ah ! que dans cette occasion,
J'enrage d'être honnête femme !

Acte II

Scène 1

AMPHITRYON, SOSIE

AMPHITRYON

Viens çà, bourreau, viens çà. Sais-tu, maître fripon,
690 Qu'à te faire assommer ton discours peut suffire ?
Et que pour te traiter comme je le désire,
      Mon courroux n'attend qu'un bâton ?

SOSIE

      Si vous le prenez sur ce ton,
      Monsieur, je n'ai plus rien à dire,
      Et vous aurez toujours raison.

AMPHITRYON

Quoi ? tu veux me donner pour des vérités, traître,
Des contes que je vois d'extravagance outrés ?

SOSIE

Non : je suis le valet, et vous êtes le maître ;
Il n'en sera, Monsieur, que ce que vous voudrez.

AMPHITRYON

700 Çà, je veux étouffer le courroux qui m'enflamme,
Et tout du long t'ouïr sur ta commission.
      Il faut, avant que voir ma femme,
Que je débrouille ici cette confusion.
Rappelle tous tes sens, rentre bien dans ton âme,
Et réponds, mot pour mot, à chaque question.

SOSIE

Mais, de peur d'incongruité,
Dites-moi, de grâce, à l'avance,
De quel air il vous plaît que ceci soit traité.
Parlerai-je, Monsieur, selon ma conscience,
710 Ou comme auprès des grands on le voit usité ?
Faut-il dire la vérité,
Ou bien user de complaisance ?

AMPHITRYON

Non : je ne te veux obliger
Qu'à me rendre de tout un compte fort sincère.

SOSIE

Bon, c'est assez ; laissez-moi faire :
Vous n'avez qu'à m'interroger.

AMPHITRYON

Sur l'ordre que tantôt je t'avais su prescrire... ?

SOSIE

Je suis parti, les cieux d'un noir crêpe voilés,
Pestant fort contre vous dans ce fâcheux martyre,
720 Et maudissant vingt fois l'ordre dont vous parlez.

AMPHITRYON

Comment, coquin ?

SOSIE

Monsieur, vous n'avez rien qu'à dire,
Je mentirai, si vous voulez.

AMPHITRYON

Voilà comme un valet montre pour nous du zèle.
Passons. Sur les chemins que t'est-il arrivé ?

SOSIE

D'avoir une frayeur mortelle,
Au moindre objet que j'ai trouvé.

AMPHITRYON

Poltron !

SOSIE
>   En nous formant Nature a ses caprices ;
> Divers penchants en nous elle fait observer :
> Les uns à s'exposer trouvent mille délices ;
730   Moi, j'en trouve à me conserver.

AMPHITRYON
> Arrivant au logis... ?

SOSIE
>   J'ai devant notre porte,
> En moi-même voulu répéter un petit[1]
>   Sur quel ton et de quelle sorte
> Je ferais du combat le glorieux récit.

AMPHITRYON
> Ensuite ?

SOSIE
>   On m'est venu troubler et mettre en peine.

AMPHITRYON
> Et qui ?

SOSIE
>   Sosie, un moi, de vos ordres jaloux[2],
> Que vous avez du port envoyé vers Alcmène,
> Et qui de nos secrets a connaissance pleine,
>   Comme le moi qui parle à vous.

AMPHITRYON
740 Quels contes !

SOSIE
>   Non, Monsieur, c'est la vérité pure.
> Ce moi plus tôt que moi s'est au logis trouvé ;
>   Et j'étais venu, je vous jure,
>   Avant que je fusse arrivé[3].

AMPHITRYON
>   D'où peut procéder, je te prie,
>   Ce galimatias maudit ?

> Est-ce songe ? est-ce ivrognerie ?
> Aliénation d'esprit ?
> Ou méchante plaisanterie ?

SOSIE

> Non : c'est la chose comme elle est,
750   Et point du tout conte frivole.
> Je suis homme d'honneur, j'en donne ma parole,
> Et vous m'en croirez, s'il vous plaît.
> Je vous dis que, croyant n'être qu'un seul Sosie,
> Je me suis trouvé deux chez nous ;
> Et que de ces deux moi, piqués de jalousie,
> L'un est à la maison, et l'autre est avec vous ;
> Que le moi que voici, chargé de lassitude,
> A trouvé l'autre moi frais, gaillard et dispos,
> Et n'ayant d'autre inquiétude
760   Que de battre, et casser des os.

AMPHITRYON

> Il faut être, je le confesse,
> D'un esprit bien posé, bien tranquille, bien doux,
> Pour souffrir qu'un valet de chansons me repaisse.

SOSIE

> Si vous vous mettez en courroux,
> Plus de conférence entre nous :
> Vous savez que d'abord tout cesse.

AMPHITRYON

> Non : sans emportement je te veux écouter ;
> Je l'ai promis. Mais dis, en bonne conscience,
> Au mystère nouveau que tu me viens conter
770   Est-il quelque ombre d'apparence ?

SOSIE

> Non : vous avez raison, et la chose à chacun
> Hors de créance doit paraître.
> C'est un fait à n'y rien connaître,
> Un conte extravagant, ridicule, importun :

   Cela choque le sens commun ;
   Mais cela ne laisse pas d'être.

AMPHITRYON

 Le moyen d'en rien croire, à moins qu'être insensé ?

SOSIE

 Je ne l'ai pas cru, moi, sans une peine extrême :
 Je me suis d'être deux senti l'esprit blessé,
780 Et longtemps d'imposteur j'ai traité ce moi-même.
 Mais à me reconnaître enfin il m'a forcé :
 J'ai vu que c'était moi, sans aucun stratagème ;
 Des pieds jusqu'à la tête, il est comme moi fait,
 Beau, l'air noble, bien pris, les manières charmantes ;
   Enfin deux gouttes de lait
   Ne sont pas plus ressemblantes ;
 Et n'était que ses mains sont un peu trop pesantes,
   J'en serais fort satisfait.

AMPHITRYON

 A quelle patience il faut que je m'exhorte !
790 Mais enfin n'es-tu pas entré dans la maison ?

SOSIE

   Bon, entré ! Hé ! de quelle sorte ?
 Ai-je voulu jamais entendre de raison ?
 Et ne me suis-je pas interdit notre porte ?

AMPHITRYON

   Comment donc ?

SOSIE

     Avec un bâton :
 Dont mon dos sent encore une douleur très forte.

AMPHITRYON

 On t'a battu ?

SOSIE

   Vraiment.

AMPHITRYON

                    Et qui ?

SOSIE

                              Moi.

AMPHITRYON

                              Toi, te battre ?

SOSIE

          Oui, moi : non pas le moi d'ici,
     Mais le moi du logis, qui frappe comme quatre.

AMPHITRYON

     Te confonde le Ciel de me parler ainsi !

SOSIE

800   Ce ne sont point des badinages.
          Le moi que j'ai trouvé tantôt
     Sur le moi qui vous parle a de grands avantages :
          Il a le bras fort, le cœur haut ;
          J'en ai reçu des témoignages,
     Et ce diable de moi m'a rossé comme il faut ;
          C'est un drôle qui fait des rages[1].

AMPHITRYON

     Achevons. As-tu vu ma femme ?

SOSIE

                              Non.

AMPHITRYON

                                   Pourquoi ?

SOSIE

     Par une raison assez forte.

AMPHITRYON

     Qui t'a fait y manquer, maraud ? explique-toi.

SOSIE

810 Faut-il le répéter vingt fois de même sorte ?
     Moi, vous dis-je, ce moi plus robuste que moi,

Ce moi qui s'est de force emparé de la porte,
        Ce moi qui m'a fait filer doux,
        Ce moi qui le seul moi veut être,
        Ce moi de moi-même jaloux,
        Ce moi vaillant, dont le courroux
        Au moi poltron s'est fait connaître,
        Enfin ce moi qui suis chez nous,
        Ce moi qui s'est montré mon maître,
820   Ce moi qui m'a roué de coups.

AMPHITRYON

    Il faut que ce matin, à force de trop boire,
        Il se soit troublé le cerveau.

SOSIE

    Je veux être pendu si j'ai bu que[1] de l'eau :
        A mon serment on m'en peut croire.

AMPHITRYON

    Il faut donc qu'au sommeil tes sens se soient portés ?
    Et qu'un songe fâcheux, dans ses confus mystères,
        T'ait fait voir toutes les chimères
        Dont tu me fais des vérités ?

SOSIE

        Tout aussi peu. Je n'ai point sommeillé,
830   Et n'en ai même aucune envie.
        Je vous parle bien éveillé ;
    J'étais bien éveillé ce matin, sur ma vie !
    Et bien éveillé même était l'autre Sosie,
        Quand il m'a si bien étrillé.

AMPHITRYON

        Suis-moi. Je t'impose silence :
        C'est trop me fatiguer l'esprit ;
    Et je suis un vrai fou d'avoir la patience
    D'écouter d'un valet les sottises qu'il dit.

SOSIE

Tous les discours sont des sottises,
840   Partant d'un homme sans éclat ;
Ce serait paroles exquises
Si c'était un grand qui parlât.

AMPHITRYON

Entrons, sans davantage attendre.
Mais Alcmène paraît avec tous ses appas.
En ce moment sans doute elle ne m'attend pas,
Et mon abord la va surprendre.

Scène 2

ALCMÈNE, CLÉANTHIS,
AMPHITRYON, SOSIE

ALCMÈNE

Allons pour mon époux, Cléanthis, vers les Dieux
Nous acquitter de nos hommages[1],
Et les remercier des succès glorieux
850 Dont Thèbes, par son bras, goûte les avantages.
Ô Dieux !

AMPHITRYON

Fasse le Ciel qu'Amphitryon vainqueur
Avec plaisir soit revu de sa femme,
Et que ce jour favorable à ma flamme
Vous redonne à mes yeux avec le même cœur,
Que j'y retrouve autant d'ardeur
Que vous en rapporte mon âme !

ALCMÈNE

Quoi ? de retour si tôt ?

François Chaumette, Yvonne Gaudeau et Jacques Charon.
(Comédie-Française, 1957.)

AMPHITRYON

Certes, c'est en ce jour
Me donner de vos feux un mauvais témoignage,
Et ce « Quoi ? si tôt de retour ? »
860 En ces occasions n'est guère le langage
D'un cœur bien enflammé d'amour.
J'osais me flatter en moi-même
Que loin de vous j'aurais trop demeuré.
L'attente d'un retour ardemment désiré
Donne à tous les instants une longueur extrême,
Et l'absence de ce qu'on aime,
Quelque peu qu'elle dure, a toujours trop duré.

ALCMÈNE

Je ne vois...

AMPHITRYON

Non, Alcmène, à son impatience
On mesure le temps en de pareils états ;
870 Et vous comptez les moments de l'absence
En personne qui n'aime pas.
Lorsque l'on aime comme il faut,
Le moindre éloignement nous tue,
Et ce dont on chérit la vue
Ne revient jamais assez tôt.
De votre accueil, je le confesse,
Se plaint ici mon amoureuse ardeur,
Et j'attendais de votre cœur
D'autres transports de joie et de tendresse.

ALCMÈNE

880 J'ai peine à comprendre sur quoi
Vous fondez les discours que je vous entends faire ;
Et si vous vous plaignez de moi,
Je ne sais pas, de bonne foi,
Ce qu'il faut pour vous satisfaire ;
Hier au soir, ce me semble, à votre heureux retour,

On me vit témoigner une joie assez tendre,
        Et rendre aux soins de votre amour
Tout ce que de mon cœur vous aviez lieu d'attendre.

AMPHITRYON
    Comment ?

ALCMÈNE
                Ne fis-je pas éclater à vos yeux
890 Les soudains mouvements d'une entière allégresse ?
    Et le transport d'un cœur peut-il s'expliquer mieux,
    Au retour d'un époux qu'on aime avec tendresse ?

AMPHITRYON
    Que me dites-vous là ?

ALCMÈNE
                    Que même votre amour
    Montra de mon accueil une joie incroyable ;
    Et que, m'ayant quittée[1] à la pointe du jour,
        Je ne vois pas qu'à ce soudain retour
            Ma surprise soit si coupable.

AMPHITRYON
    Est-ce que du retour que j'ai précipité
    Un songe, cette nuit, Alcmène, dans votre âme
900   A prévenu la vérité[2] ?
    Et que m'ayant peut-être en dormant bien traité,
        Votre cœur se croit vers ma flamme
        Assez amplement acquitté ?

ALCMÈNE
    Est-ce qu'une vapeur[3], par sa malignité,
        Amphitryon, a dans votre âme
    Du retour d'hier au soir brouillé la vérité ?
    Et que du doux accueil duquel je m'acquittai
        Votre cœur prétend à ma flamme
        Ravir toute l'honnêteté ?

AMPHITRYON

910   Cette vapeur dont vous me régalez[1]
          Est un peu, ce me semble, étrange.

ALCMÈNE

          C'est ce qu'on peut donner pour change
          Au songe dont vous me parlez.

AMPHITRYON

       A moins d'un songe, on ne peut pas sans doute
       Excuser ce qu'ici votre bouche me dit.

ALCMÈNE

       A moins d'une vapeur qui vous trouble l'esprit,
       On ne peut pas sauver[2] ce que de vous j'écoute.

AMPHITRYON

          Laissons un peu cette vapeur, Alcmène.

ALCMÈNE

          Laissons un peu ce songe, Amphitryon.

AMPHITRYON

920   Sur le sujet dont il est question,
       Il n'est guère de jeu que trop loin on ne mène.

ALCMÈNE

          Sans doute ; et pour marque certaine,
       Je commence à sentir un peu d'émotion[3].

AMPHITRYON

       Est-ce donc que par là vous voulez essayer
       A réparer l'accueil dont je vous ai fait plainte ?

ALCMÈNE

          Est-ce donc que par cette feinte
          Vous désirez vous égayer ?

AMPHITRYON

       Ah ! de grâce, cessons, Alcmène, je vous prie,
          Et parlons sérieusement.

ALCMÈNE
930 Amphitryon, c'est trop pousser l'amusement :
        Finissons cette raillerie.

AMPHITRYON
        Quoi ? vous osez me soutenir en face
    Que plus tôt qu'à cette heure on m'ait ici pu voir ?

ALCMÈNE
        Quoi ? vous voulez nier avec audace
    Que dès hier en ces lieux vous vîntes sur le soir ?

AMPHITRYON
    Moi ! je vins hier ?

ALCMÈNE
                    Sans doute[1] ; et dès devant l'aurore,
        Vous vous en êtes retourné.

AMPHITRYON
    Ciel ! un pareil débat s'est-il pu voir encore ?
    Et qui de tout ceci ne serait étonné ?
940 Sosie ?

SOSIE
        Elle a besoin de six grains d'ellébore[2].
        Monsieur, son esprit est tourné.

AMPHITRYON
        Alcmène, au nom de tous les Dieux !
        Ce discours a d'étranges suites :
        Reprenez vos sens un peu mieux,
        Et pensez à ce que vous dites.

ALCMÈNE
        J'y pense mûrement aussi ;
    Et tous ceux du logis ont vu votre arrivée.
    J'ignore quel motif vous fait agir ainsi ;
    Mais si la chose avait besoin d'être prouvée,
950 S'il était vrai qu'on pût ne s'en souvenir pas,
    De qui puis-je tenir, que de vous, la nouvelle

> Du dernier de tous vos combats ?
> Et les cinq diamants que portait Ptérélas,
> Qu'a fait dans la nuit éternelle
> Tomber l'effort de votre bras ?
> En pourrait-on vouloir un plus sûr témoignage ?

AMPHITRYON

> Quoi ? je vous ai déjà donné
> Le nœud de diamants que j'eus pour mon partage,
> Et que je vous ai destiné ?

ALCMÈNE

960   Assurément. Il n'est pas difficile
> De vous en bien convaincre.

AMPHITRYON

>   Et comment ?

ALCMÈNE

>   Le voici.

AMPHITRYON

> Sosie !

SOSIE

> Elle se moque, et je le tiens ici ;
> Monsieur, la feinte est inutile.

AMPHITRYON

> Le cachet est entier.

ALCMÈNE

>   Est-ce une vision ?
> Tenez. Trouverez-vous cette preuve assez forte ?

AMPHITRYON

> Ah Ciel ! ô juste Ciel !

ALCMÈNE

>   Allez, Amphitryon,
> Vous vous moquez d'en user de la sorte,
> Et vous en devriez avoir confusion.

AMPHITRYON
    Romps vite ce cachet.

SOSIE, *ayant ouvert le coffret.*
                              Ma foi, la place est vide.
970 Il faut que par magie on ait su le tirer,
      Ou bien que de lui-même il soit venu, sans guide,
      Vers celle qu'il a su qu'on en voulait parer[1].

AMPHITRYON
    Ô Dieux, dont le pouvoir sur les choses préside,
    Quelle est cette aventure ? et qu'en puis-je augurer
              Dont mon amour ne s'intimide ?

SOSIE
    Si sa bouche dit vrai, nous avons même sort,
    Et de même que moi, Monsieur, vous êtes double.

AMPHITRYON
        Tais-toi.

ALCMÈNE
                    Sur quoi vous étonner si fort ?
              Et d'où peut naître ce grand trouble ?

AMPHITRYON
980   Ô Ciel ! quel étrange embarras !
    Je vois des incidents[2] qui passent la nature ;
        Et mon honneur redoute une aventure
              Que mon esprit ne comprend pas.

ALCMÈNE
    Songez-vous, en tenant cette preuve sensible,
    A me nier encor votre retour pressé ?

AMPHITRYON
    Non ; mais à ce retour daignez, s'il est possible,
        Me conter ce qui s'est passé.

ALCMÈNE
    Puisque vous demandez un récit de la chose,
    Vous voulez dire donc que ce n'était pas vous ?

AMPHITRYON

990   Pardonnez-moi ; mais j'ai certaine cause
Qui me fait demander ce récit entre nous.

ALCMÈNE

Les soucis importants qui vous peuvent saisir,
Vous ont-ils fait si vite en perdre la mémoire ?

AMPHITRYON

Peut-être ; mais enfin vous me ferez plaisir
      De m'en dire toute l'histoire.

ALCMÈNE

L'histoire n'est pas longue. A vous je m'avançai,
      Pleine d'une aimable surprise ;
      Tendrement je vous embrassai,
Et témoignai ma joie à plus d'une reprise.

AMPHITRYON, *en soi-même.*

1000 Ah ! d'un si doux accueil je me serais passé.

ALCMÈNE

Vous me fîtes d'abord ce présent d'importance,
Que du butin conquis vous m'aviez destiné.
      Votre cœur, avec véhémence,
M'étala de ses feux toute la violence,
Et les soins importuns qui l'avaient enchaîné,
L'aise de me revoir, les tourments de l'absence,
      Tout le souci que son impatience
      Pour le retour s'était donné ;
Et jamais votre amour, en pareille occurrence,
1010 Ne me parut si tendre et si passionné.

AMPHITRYON, *en soi-même.*

Peut-on plus vivement se voir assassiné ?

ALCMÈNE

      Tous ces transports, toute cette tendresse,
Comme vous croyez bien, ne me déplaisaient pas ;
      Et s'il faut que je le confesse,
Mon cœur, Amphitryon, y trouvait mille appas.

Christine Lasquin et Jean-Pierre Granval.
Mise en scène de Jean-Louis Barrault. (Odéon, 1961.)

AMPHITRYON
Ensuite, s'il vous plaît.

ALCMÈNE

Nous nous entrecoupâmes
De mille questions qui pouvaient nous toucher.
On servit. Tête à tête ensemble nous soupâmes ;
Et le souper fini, nous nous fûmes coucher.

AMPHITRYON
1020 Ensemble ?

ALCMÈNE

Assurément. Quelle est cette demande ?

AMPHITRYON
Ah ! c'est ici le coup le plus cruel de tous,
Et dont à s'assurer tremblait mon feu jaloux.

ALCMÈNE
D'où vous vient à ce mot une rougeur si grande ?
Ai-je fait quelque mal de coucher avec vous ?

AMPHITRYON
Non, ce n'était pas moi, pour ma douleur sensible :
Et qui dit qu'hier ici mes pas se sont portés,
Dit de toutes les faussetés
La fausseté la plus horrible.

ALCMÈNE
Amphitryon !

AMPHITRYON
Perfide !

ALCMÈNE

Ah ! quel emportement !

AMPHITRYON
1030 Non, non : plus de douceur et plus de déférence,
Ce revers vient à bout de toute ma constance ;
Et mon cœur ne respire, en ce fatal moment,
Et que fureur et que vengeance.

ALCMÈNE

    De qui donc vous venger ? et quel manque de foi
        Vous fait ici me traiter de coupable !

AMPHITRYON

        Je ne sais pas, mais ce n'était pas moi ;
    Et c'est un désespoir qui de tout rend capable.

ALCMÈNE

    Allez, indigne époux, le fait parle de soi,
        Et l'imposture est effroyable.
1040   C'est trop me pousser là-dessus,
    Et d'infidélité me voir trop condamnée.
        Si vous cherchez, dans ces transports confus,
    Un prétexte à briser les nœuds d'un hyménée
          Qui me tient à vous enchaînée,
          Tous ces détours sont superflus ;
          Et me voilà déterminée
    A souffrir qu'en ce jour nos liens soient rompus.

AMPHITRYON

    Après l'indigne affront que l'on me fait connaître,
    C'est bien à quoi sans doute il faut vous préparer :
1050 C'est le moins qu'on doit voir, et les choses peut-être
        Pourront n'en pas là demeurer.
    Le déshonneur est sûr, mon malheur m'est visible,
    Et mon amour en vain voudrait me l'obscurcir ;
    Mais le détail encor ne m'en est pas sensible[1],
    Et mon juste courroux prétend s'en éclaircir.
    Votre frère déjà peut hautement répondre
    Que jusqu'à ce matin je ne l'ai point quitté :
    Je m'en vais le chercher, afin de vous confondre
    Sur ce retour qui m'est faussement imputé.
1060 Après, nous percerons jusqu'au fond d'un mystère
        Jusques à présent inouï ;
    Et dans les mouvements d'une juste colère,
        Malheur à qui m'aura trahi !

SOSIE

Monsieur...

AMPHITRYON

Ne m'accompagne pas,
Et demeure ici pour m'attendre.

CLÉANTHIS

Faut-il ?...

ALCMÈNE

Je ne puis rien entendre :
Laisse-moi seule et ne suis point mes pas.

Scène 3

CLÉANTHIS, SOSIE

CLÉANTHIS

Il faut que quelque chose ait brouillé sa cervelle ;
Mais le frère sur-le-champ
1070   Finira cette querelle.

SOSIE

C'est ici, pour mon maître, un coup assez touchant[1],
Et son aventure est cruelle.
Je crains fort pour mon fait[2] quelque chose approchant,
Et je m'en veux tout doux éclaircir avec elle.

CLÉANTHIS

Voyez s'il me viendra seulement aborder !
Mais je veux m'empêcher de rien faire paraître.

SOSIE

La chose quelquefois est fâcheuse à connaître,
Et je tremble à la demander.
Ne vaudrait-il point mïeux, pour ne rien hasarder,

1080   Ignorer ce qu'il en peut être ?
               Allons, tout coup vaille[1], il faut voir,
               Et je ne m'en saurais défendre.
               La faiblesse humaine est d'avoir
               Des curiosités d'apprendre
               Ce qu'on ne voudrait pas savoir.
      Dieu te gard[2], Cléanthis !

CLÉANTHIS

                              Ah ! ah ! tu t'en avises,
               Traître, de t'approcher de nous !

SOSIE

      Mon Dieu ! qu'as-tu ? toujours on te voit en courroux,
               Et sur rien tu te formalises.

CLÉANTHIS
1090 Qu'appelles-tu sur rien, dis ?

SOSIE

                              J'appelle sur rien
      Ce qui sur rien s'appelle en vers ainsi qu'en prose ;
               Et rien, comme tu le sais bien,
               Veut dire rien, ou peu de chose.

CLÉANTHIS

               Je ne sais qui me tient[3], infâme,
               Que je ne t'arrache les yeux,
      Et ne t'apprenne où va le courroux d'une femme.

SOSIE

      Holà ! d'où te vient donc ce transport furieux ?

CLÉANTHIS

      Tu n'appelles donc rien le procédé, peut-être,
               Qu'avec moi ton cœur a tenu ?

SOSIE
1100   Et quel ?

CLÉANTHIS

Quoi ? tu fais l'ingénu ?
Est-ce qu'à l'exemple du maître
Tu veux dire qu'ici tu n'es pas revenu ?

SOSIE

Non : je sais fort bien le contraire ;
Mais je ne t'en fais pas le fin[1] :
Nous avions bu de je ne sais quel vin,
Qui m'a fait oublier tout ce que j'ai pu faire.

CLÉANTHIS

Tu crois peut-être excuser par ce trait...

SOSIE

Non, tout de bon, tu m'en peux croire.
J'étais dans un état où je puis avoir fait
1110   Des choses dont j'aurais regret,
Et dont je n'ai nulle mémoire.

CLÉANTHIS

Tu ne te souviens point du tout de la manière
Dont tu m'as su traiter, étant venu du port ?

SOSIE

Non plus que rien[2]. Tu peux m'en faire le rapport :
Je suis équitable et sincère,
Et me condamnerai moi-même, si j'ai tort.

CLÉANTHIS

Comment ? Amphitryon m'ayant su disposer[3],
Jusqu'à ce que tu vins j'avais poussé ma veille ;
Mais je ne vis jamais une froideur pareille :
1120 De ta femme il fallut moi-même t'aviser[4] ;
Et lorsque je fus te baiser,
Tu détournas le nez, et me donnas l'oreille.

SOSIE

Bon !

CLÉANTHIS
        Comment, bon ?

SOSIE
                        Mon Dieu ! tu ne sais pas pourquoi,
                Cléanthis, je tiens ce langage :
        J'avais mangé de l'ail, et fis en homme sage
        De détourner un peu mon haleine de toi.

CLÉANTHIS
        Je te sus exprimer des tendresses de cœur ;
        Mais à tous mes discours tu fus comme une souche ;
                Et jamais un mot de douceur
1130   Ne te put sortir de la bouche.

SOSIE
        Courage !

CLÉANTHIS
                Enfin ma flamme eut beau s'émanciper,
        Sa chaste ardeur en toi ne trouva rien que glace ;
        Et dans un tel retour, je te vis la tromper,
        Jusqu'à faire refus de prendre au lit la place
        Que les lois de l'hymen t'obligent d'occuper.

SOSIE
        Quoi ? je ne couchai point...

CLÉANTHIS
                                Non, lâche.

SOSIE
                                        Est-il possible ?

CLÉANTHIS
                Traître, il n'est que trop assuré.
        C'est de tous les affronts l'affront le plus sensible ;
        Et loin que ce matin ton cœur l'ait réparé,
1140   Tu t'es d'avec moi séparé
        Par des discours chargés d'un mépris tout visible.

SOSIE
   Vivat Sosie[1] !

CLÉANTHIS
        Hé quoi ? ma plainte a cet effet ?
        Tu ris après ce bel ouvrage ?

SOSIE
       Que je suis de moi satisfait !

CLÉANTHIS
   Exprime-t-on ainsi le regret d'un outrage ?

SOSIE
   Je n'aurais jamais cru que j'eusse été si sage.

CLÉANTHIS
   Loin de te condamner d'un si perfide trait,
   Tu m'en fais éclater la joie en ton visage !

SOSIE
   Mon Dieu, tout doucement ! Si je parais joyeux,
1150 Crois que j'en ai dans l'âme une raison très forte,
   Et que, sans y penser, je ne fis jamais mieux
   Que d'en user tantôt avec toi de la sorte.

CLÉANTHIS
      Traître, te moques-tu de moi ?

SOSIE
      Non, je te parle avec franchise.
   En l'état où j'étais, j'avais certain effroi,
   Dont avec ton discours mon âme s'est remise.
   Je m'appréhendais fort, et craignais qu'avec toi
      Je n'eusse fait quelque sottise.

CLÉANTHIS
   Quelle est cette frayeur ? et sachons donc pourquoi.

SOSIE
1160   Les médecins disent, quand on est ivre,
     Que de sa femme on se doit abstenir,

Et que dans cet état il ne peut provenir
Que des enfants pesants et qui ne sauraient vivre.
Vois, si mon cœur n'eût su de froideur se munir,
Quels inconvénients auraient pu s'en ensuivre !

CLÉANTHIS

   Je me moque des médecins,
   Avec leurs raisonnements fades[1] :
   Qu'ils règlent ceux qui sont malades,
Sans vouloir gouverner[2] les gens qui sont bien sains.
1170 Ils se mêlent de trop d'affaires,
De prétendre tenir nos chastes feux gênés ;
   Et sur les jours caniculaires
Ils nous donnent encore, avec leurs lois sévères,
   De cent sots contes par le nez[3].

SOSIE

Tout doux !

CLÉANTHIS

   Non : je soutiens que cela conclut mal ;
Ces raisons sont raisons d'extravagantes têtes.
Il n'est ni vin ni temps qui puisse être fatal
A remplir le devoir de l'amour conjugal ;
   Et les médecins sont des bêtes.

SOSIE

1180 Contre eux, je t'en supplie, apaise ton courroux :
Ce sont d'honnêtes[4] gens, quoi que le monde en dise.

CLÉANTHIS

Tu n'es pas où tu crois ; en vain tu files doux :
Ton excuse n'est point une excuse de mise[5] ;
Et je me veux venger tôt ou tard, entre nous,
De l'air dont chaque jour je vois qu'on me méprise.
Des discours de tantôt je garde tous les coups,
Et tâcherai d'user, lâche et perfide époux,
De cette liberté que ton cœur m'a permise.

SOSIE
     Quoi ?

CLÉANTHIS
          Tu m'as dit tantôt que tu consentais fort,
1190   Lâche, que j'en aimasse un autre.

SOSIE
          Ah ! pour cet article, j'ai tort.
     Je m'en dédis, il y va trop du nôtre[1] :
     Garde-toi bien de suivre ce transport.

CLÉANTHIS
          Si je puis une fois pourtant
          Sur mon esprit gagner la chose[2]...

SOSIE
          Fais à ce discours quelque pause :
     Amphitryon revient, qui me paraît content.

Scène 4

JUPITER, CLÉANTHIS, SOSIE

JUPITER
     Je viens prendre le temps de rapaiser[3] Alcmène,
     De bannir les chagrins que son cœur veut garder,
1200 Et donner à mes feux, dans ce soin qui m'amène,
          Le doux plaisir de se raccommoder.
          Alcmène est là-haut, n'est-ce pas ?

CLÉANTHIS
          Oui, pleine d'une inquiétude
          Qui cherche de la solitude,
     Et qui m'a défendu d'accompagner ses pas.

JUPITER

>   Quelque défense qu'elle ait faite,
>   Elle ne sera pas pour moi.

CLÉANTHIS

>   Son chagrin[1], à ce que je voi,
>   A fait une prompte retraite.

Scène 5

CLÉANTHIS, SOSIE

SOSIE

1210 Que dis-tu, Cléanthis, de ce joyeux maintien,
>   Après son fracas effroyable ?

CLÉANTHIS

>   Que si toutes nous faisions bien,
>   Nous donnerions tous les hommes au diable,
>   Et que le meilleur n'en vaut rien.

SOSIE

>   Cela se dit dans le courroux ;
>   Mais aux hommes par trop vous êtes accrochées ;
>   Et vous seriez, ma foi ! toutes bien empêchées,
>   Si le diable les prenait tous.

CLÉANTHIS

>   Vraiment...

SOSIE

>   Les voici. Taisons-nous.

Scène 6

JUPITER, ALCMÈNE, CLÉANTHIS, SOSIE

JUPITER

1220   Voulez-vous me désespérer
        Hélas ! arrêtez, belle Alcmène.

ALCMÈNE

        Non, avec l'auteur de ma peine
        Je ne puis du tout demeurer.

JUPITER

    De grâce...

ALCMÈNE

            Laissez-moi.

JUPITER

                    Quoi ?...

ALCMÈNE

                        Laissez-moi, vous dis-je.

JUPITER

    Ses pleurs touchent mon âme, et sa douleur m'afflige.
    Souffrez que mon cœur...

ALCMÈNE

                    Non, ne suivez point mes pas.

JUPITER

    Où voulez-vous aller ?

ALCMÈNE

                    Où vous ne serez pas.

JUPITER

            Ce vous est une attente vaine.
    Je tiens à vos beautés par un nœud trop serré,
1230 Pour pouvoir un moment en être séparé :
            Je vous suivrai partout, Alcmène.

Paul Crauchet et Anna Gaylor.
(Théâtre Sarah-Bernhardt, 1963.)

ALCMÈNE

        Et moi, partout je vous fuirai.

JUPITER

        Je suis donc bien épouvantable ?

ALCMÈNE

        Plus qu'on ne peut dire, à mes yeux.
    Oui, je vous vois comme un monstre effroyable,
        Un monstre cruel, furieux,
        Et dont l'approche est redoutable,
        Comme un monstre à fuir en tous lieux.
  Mon cœur souffre, à vous voir, une peine incroyable ;
1240   C'est un supplice qui m'accable ;
        Et je ne vois rien sous les cieux
        D'affreux, d'horrible, d'odieux,
    Qui ne me fût plus que vous supportable.

JUPITER

  En voilà bien, hélas ! que votre bouche dit.

ALCMÈNE

        J'en ai dans le cœur davantage ;
  Et pour s'exprimer tout, ce cœur a du dépit
        De ne point trouver de langage.

JUPITER

        Hé ! que vous a donc fait ma flamme,
  Pour me pouvoir, Alcmène, en monstre regarder ?

ALCMÈNE

1250 Ah ! juste Ciel ! cela peut-il se demander ?
        Et n'est-ce pas pour mettre à bout une âme[1] ?

JUPITER

        Ah ! d'un esprit plus adouci...

ALCMÈNE

  Non, je ne veux du tout vous voir, ni vous entendre.

JUPITER

  Avez-vous bien le cœur de me traiter ainsi ?

> Est-ce là cet amour si tendre,
> Qui devait tant durer quand je vins hier ici ?

ALCMÈNE

Non, non, ce ne l'est pas ; et vos lâches injures
    En ont autrement ordonné.
Il n'est plus, cet amour tendre et passionné ;
1260 Vous l'avez dans mon cœur, par cent vives blessures,
    Cruellement assassiné.
    C'est en sa place un courroux inflexible,
Un vif ressentiment, un dépit invincible,
Un désespoir d'un cœur justement animé,
Qui prétend vous haïr, pour cet affront sensible,
Autant qu'il est d'accord de vous avoir aimé :
    Et c'est haïr autant qu'il est possible.

JUPITER

Hélas ! que votre amour n'avait guère de force,
Si de si peu de chose on le peut voir mourir !
1270 Ce qui n'était que jeu doit-il faire un divorce ?
Et d'une raillerie a-t-on lieu de s'aigrir ?

ALCMÈNE

Ah ! c'est cela dont je suis offensée,
    Et que ne peut pardonner mon courroux.
Des véritables traits d'un mouvement jaloux
    Je me trouverais moins blessée.
    La jalousie a des impressions
    Dont bien souvent la force nous entraîne ;
Et l'âme la plus sage, en ces occasions,
    Sans doute avec assez de peine
1280   Répond de ses émotions[1] ;
L'emportement d'un cœur qui peut s'être abusé
A de quoi ramener une âme qu'il offense ;
    Et dans l'amour qui lui donne naissance
Il trouve au moins, malgré toute sa violence,
    Des raisons pour être excusé ;

De semblables transports contre un ressentiment
Pour défense toujours ont ce qui les fait naître,
  Et l'on[1] donne grâce aisément
  A ce dont on n'est pas le maître.
1290 Mais que, de gaieté[2] de cœur,
On passe aux mouvements d'une fureur extrême,
Que sans cause l'on vienne, avec tant de rigueur,
  Blesser la tendresse et l'honneur
  D'un cœur qui chèrement nous aime,
Ah ! c'est un coup trop cruel en lui-même,
Et que jamais n'oubliera ma douleur.

JUPITER

Oui, vous avez raison, Alcmène, il se faut rendre :
Cette action, sans doute, est un crime odieux ;
  Je ne prétends plus le défendre ;
1300 Mais souffrez que mon cœur s'en défende à vos yeux,
  Et donne au vôtre à qui se prendre[3]
  De ce transport injurieux.
  A vous en faire un aveu véritable,
  L'époux, Alcmène, a commis tout le mal ;
C'est l'époux qu'il vous faut regarder en coupable.
L'amant n'a point de part à ce transport brutal,
Et de vous offenser son cœur n'est point capable :
Il a pour vous, ce cœur, pour jamais y penser,
  Trop de respect et de tendresse ;
1310 Et si de faire rien à vous pouvoir blesser[4]
  Il avait eu la coupable faiblesse,
De cent coups à vos yeux il voudrait le percer.
Mais l'époux est sorti de ce respect soumis
  Où pour vous on doit toujours être ;
A son dur procédé l'époux s'est fait connaître,
Et par le droit d'hymen il s'est cru tout permis ;
Oui, c'est lui qui sans doute est criminel vers vous.
Lui seul a maltraité votre aimable personne :
  Haïssez, détestez l'époux,

1320   J'y consens, et vous l'abandonne.
     Mais, Alcmène, sauvez l'amant de ce courroux
               Qu'une telle offense vous donne ;
               N'en jetez pas sur lui l'effet,
               Démêlez-le[1] un peu du coupable ;
               Et pour être enfin équitable,
     Ne le punissez point de ce qu'il n'a pas fait.

ALCMÈNE

               Ah ! toutes ces subtilités
               N'ont que des excuses frivoles,
               Et pour les esprits irrités
1330   Ce sont des contretemps[2] que de telles paroles.
     Ce détour[3] ridicule est en vain pris par vous :
     Je ne distingue rien en celui qui m'offense,
          Tout y devient l'objet de mon courroux,
               Et dans sa juste violence
          Sont confondus et l'amant et l'époux.
     Tous deux de même sorte occupent ma pensée,
     Et des mêmes couleurs, par mon âme blessée,
               Tous deux ils sont peints à mes yeux :
     Tous deux sont criminels, tous deux m'ont offensée,
1340   Et tous deux me sont odieux.

JUPITER

               Hé bien ! puisque vous le voulez,
               Il faut donc me charger du crime.
     Oui, vous avez raison lorsque vous m'immolez
     A vos ressentiments en coupable victime ;
     Un trop juste dépit contre moi vous anime,
     Et tout ce grand courroux qu'ici vous étalez
     Ne me fait endurer qu'un tourment légitime ;
          C'est avec droit que mon abord vous chasse,
               Et que de me fuir en tous lieux
1350   Votre colère me menace :
     Je dois vous être un objet odieux,
     Vous devez me vouloir un mal prodigieux ;

Il n'est aucune horreur que mon forfait ne passe,
    D'avoir offensé vos beaux yeux.
C'est un crime à blesser les hommes et les dieux[1],
Et je mérite enfin, pour punir cette audace,
    Que contre moi votre haine ramasse
    Tous ses traits les plus furieux.
    Mais mon cœur vous demande grâce ;
1360 Pour vous la demander je me jette à genoux,
Et la demande au nom de la plus vive flamme,
    Du plus tendre amour dont une âme
    Puisse jamais brûler pour vous.
    Si votre cœur, charmante Alcmène,
Me refuse la grâce où j'ose recourir,
    Il faut qu'une atteinte soudaine
    M'arrache, en me faisant mourir,
    Aux dures rigueurs d'une peine
    Que je ne saurais plus souffrir.
1370   Oui, cet état me désespère :
    Alcmène, ne présumez pas
Qu'aimant comme je fais vos célestes appas,
Je puisse vivre un jour avec votre colère.
Déjà de ces moments la barbare longueur
    Fait sous des atteintes mortelles
    Succomber tout mon triste cœur ;
Et de mille vautours les blessures cruelles
N'ont rien de comparable à ma vive douleur.
Alcmène, vous n'avez qu'à me le déclarer :
1380 S'il n'est point de pardon que je doive espérer,
Cette épée aussitôt, par un coup favorable,
Va percer à vos yeux le cœur d'un misérable,
Ce cœur, ce traître cœur, trop digne d'expirer,
Puisqu'il a pu fâcher un objet adorable :
Heureux, en descendant au ténébreux séjour,
Si de votre courroux mon trépas vous ramène,
Et ne laisse en votre âme, après ce triste jour,
    Aucune impression de haine

        Au souvenir de mon amour !
1390 C'est tout ce que j'attends pour faveur souveraine.

ALCMÈNE

    Ah ! trop cruel époux !

JUPITER

                Dites, parlez, Alcmène.

ALCMÈNE

    Faut-il encor pour vous conserver des bontés,
    Et vous voir m'outrager par tant d'indignités ?

JUPITER

    Quelque ressentiment qu'un outrage nous cause,
    Tient-il contre un remords d'un cœur bien enflammé ?

ALCMÈNE

    Un cœur bien plein de flamme à mille morts s'expose,
    Plutôt que de vouloir fâcher l'objet aimé.

JUPITER

    Plus on aime quelqu'un, moins on trouve de peine...

ALCMÈNE

    Non, ne m'en parlez point : vous méritez ma haine.

JUPITER

1400 Vous me haïssez donc ?

ALCMÈNE

              J'y fais tout mon effort ;
  Et j'ai dépit de voir que toute votre offense
  Ne puisse de mon cœur jusqu'à cette vengeance
        Faire encore aller le transport.

JUPITER

        Mais pourquoi cette violence,
  Puisque pour vous venger je vous offre ma mort ?
  Prononcez-en l'arrêt, et j'obéis sur l'heure.

ALCMÈNE

    Qui ne saurait haïr peut-il vouloir qu'on meure ?

JUPITER

    Et moi, je ne puis vivre, à moins que vous quittiez
        Cette colère qui m'accable,
1410 Et que vous m'accordiez le pardon favorable
        Que je vous demande à vos pieds.
        Résolvez ici l'un des deux :
        Ou de punir, ou bien d'absoudre.

ALCMÈNE

        Hélas ! ce que je puis résoudre
        Paraît bien plus que je ne veux.
    Pour vouloir soutenir le courroux qu'on me donne,
        Mon cœur a trop su me trahir :
        Dire qu'on ne saurait haïr,
        N'est-ce pas dire qu'on pardonne ?

JUPITER

1420 Ah ! belle Alcmène, il faut que, comblé d'allégresse...

ALCMÈNE

    Laissez : je me veux mal de mon trop de faiblesse.

JUPITER

        Va, Sosie, et dépêche-toi,
    Voir, dans les doux transports dont mon âme est
    Ce que tu trouveras d'officiers de l'armée,   [charmée,
        Et les invite à dîner avec moi.
        Tandis que d'ici je le chasse,
        Mercure y remplira sa place.

Scène 7

CLÉANTHIS, SOSIE

SOSIE

    Hé bien ! tu vois, Cléanthis, ce ménage[1].
    Veux-tu qu'à leur exemple ici

1430 Nous fassions entre nous un peu de paix aussi,
      Quelque petit rapatriage[1] ?

CLÉANTHIS
    C'est pour ton nez[2], vraiment ! Cela se fait ainsi.

SOSIE
    Quoi ? tu ne veux pas ?

CLÉANTHIS
              Non.

SOSIE
                 Il ne m'importe guère :
    Tant pis pour toi.

CLÉANTHIS
             Là, là, revien.

SOSIE
      Non, morbleu ! je n'en ferai rien,
    Et je veux être, à mon tour, en colère.

CLÉANTHIS
      Va, va, traître, laisse-moi faire :
    On se lasse parfois d'être femme de bien.

Acte III

Scène 1

AMPHITRYON

Oui, sans doute le sort tout exprès me le cache,
1440 Et des tours que je fais à la fin je suis las.
Il n'est point de destin plus cruel, que je sache :
Je ne saurais trouver, portant partout mes pas,
      Celui qu'à chercher je m'attache,
Et je trouve tous ceux que je ne cherche pas.
Mille fâcheux[1] cruels, qui ne pensent pas l'être,
De nos faits avec moi, sans beaucoup me connaître,
Viennent se réjouir, pour me faire enrager.
Dans l'embarras cruel du souci qui me blesse,
De leurs embrassements et de leur allégresse
1450 Sur mon inquiétude ils viennent tous charger[2].
      En vain à passer je m'apprête,
      Pour fuir leurs persécutions[3],
Leur tuante amitié de tous côtés m'arrête ;
Et tandis qu'à l'ardeur de leurs expressions
      Je réponds d'un geste de tête,
Je leur donne tout bas cent malédictions[4].
Ah ! qu'on est peu flatté de louange, d'honneur,
Et de tout ce que donne une grande victoire,
Lorsque dans l'âme on souffre une vive douleur !
1460 Et que l'on donnerait volontiers cette gloire,
      Pour avoir le repos du cœur !

Ma jalousie, à tout propos,
Me promène sur ma disgrâce[1] ;
Et plus mon esprit y repasse,
Moins j'en puis débrouiller le funeste chaos.
Le vol des diamants n'est pas ce qui m'étonne :
On lève[2] les cachets, qu'on ne l'aperçoit pas ;
Mais le don qu'on veut qu'hier j'en vins faire en personne
Est ce qui fait ici mon cruel embarras.
1470 La nature parfois produit des ressemblances
Dont quelques imposteurs ont pris droit d'abuser ;
Mais il est hors de sens que sous ces apparences
Un homme pour époux se puisse supposer[3],
Et dans tous ces rapports sont mille différences
Dont se peut une femme aisément aviser.
Des charmes de la Thessalie[4],
On vante de tout temps les merveilleux effets ;
Mais les contes fameux qui partout en sont faits
Dans mon esprit toujours ont passé pour folie ;
1480 Et ce serait du sort une étrange rigueur,
Qu'au sortir d'une ample victoire
Je fusse contraint de les croire,
Aux dépens de mon propre honneur.
Je veux la retâter[5] sur ce fâcheux mystère,
Et voir si ce n'est point une vaine chimère
Qui sur ses sens troublés ait su prendre crédit.
Ah ! fasse le Ciel équitable
Que ce penser soit véritable,
Et que pour mon bonheur elle ait perdu l'esprit !

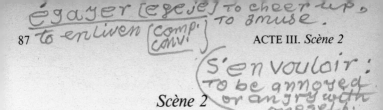

Scène 2

MERCURE, AMPHITRYON

MERCURE

1490 Comme l'amour ici ne m'offre aucun plaisir,
Je m'en veux faire au moins qui soient d'autre nature,
Et je vais égayer mon sérieux loisir
A mettre Amphitryon hors de toute mesure[1]
Cela n'est pas d'un dieu bien plein de charité ;
Mais aussi n'est-ce pas ce dont je m'inquiète,
    Et je me sens par ma planète
    A la malice un peu porté[2].

AMPHITRYON

D'où vient donc qu'à cette heure on ferme cette porte ?

MERCURE

Holà ! tout doucement ! Qui frappe ?

AMPHITRYON

                 Moi.

MERCURE

                    Qui, moi ?

AMPHITRYON

1500 Ah ! ouvre.

MERCURE

       Comment, ouvre ? Et qui donc es-tu, toi,
Qui fais tant de vacarme et parles de la sorte ?

AMPHITRYON

    Quoi ? tu ne me connais pas ?

MERCURE

               Non,
Et n'en ai pas la moindre envie.

AMPHITRYON

Tout le monde perd-il aujourd'hui la raison ?
Est-ce un mal répandu ? Sosie, holà ! Sosie !

MERCURE

Hé bien ! Sosie : oui, c'est mon nom ;
As-tu peur que je ne l'oublie ?

AMPHITRYON

Me vois-tu bien ?

MERCURE

Fort bien. Qui[1] peut pousser ton bras
A faire une rumeur si grande ?
1510   Et que demandes-tu là-bas ?

AMPHITRYON

Moi, pendard ! ce que je demande ?

MERCURE

Que ne demandes-tu donc pas ?
Parle, si tu veux qu'on t'entende.

AMPHITRYON

Attends, traître : avec un bâton
Je vais là-haut me faire entendre,
Et de bonne façon t'apprendre
A m'oser parler sur ce ton.

MERCURE

Tout beau ! si pour heurter tu fais la moindre instance,
Je t'enverrai d'ici des messagers fâcheux[2].

AMPHITRYON

1520   Ô Ciel ! vit-on jamais une telle insolence ?
La peut-on concevoir d'un serviteur, d'un gueux ?

MERCURE

Hé bien ! qu'est-ce ? M'as-tu tout parcouru par ordre[3] ?
M'as-tu de tes gros yeux assez considéré ?
Comme il les écarquille, et paraît effaré !

Si des regards on pouvait mordre,
Il m'aurait déjà déchiré.

AMPHITRYON

Moi-même je frémis de ce que tu t'apprêtes,
Avec ces impudents propos.
Que tu grossis pour toi d'effroyables tempêtes !
1530 Quels orages de coups vont fondre sur ton dos !

MERCURE

L'ami, si de ces lieux tu ne veux disparaître,
Tu pourras y gagner quelque contusion.

AMPHITRYON

Ah ! tu sauras, maraud, à ta confusion,
Ce que c'est qu'un valet qui s'attaque à son maître.

MERCURE

Toi, mon maître ?

AMPHITRYON

Oui, coquin. M'oses-tu méconnaître ?

MERCURE

Je n'en reconnais point d'autre qu'Amphitryon.

AMPHITRYON

Et cet Amphitryon, qui, hors moi, le peut être ?

MERCURE

Amphitryon ?

AMPHITRYON

Sans doute.

MERCURE

Ah ! quelle vision !
Dis-nous un peu : quel est le cabaret honnête
1540 Où tu t'es coiffé le cerveau[1] ?

AMPHITRYON

Comment ? encore ?

MERCURE

Était-ce un vin à faire fête ?

AMPHITRYON
Ciel !

MERCURE

Était-il vieux, ou nouveau ?

AMPHITRYON
Que de coups !

MERCURE

Le nouveau donne fort dans la tête,
Quand on le veut boire sans eau.

AMPHITRYON
Ah ! je t'arracherai cette langue sans doute[1].

MERCURE

Passe, mon cher ami, crois-moi :
Que quelqu'un ici ne t'écoute.
Je respecte le vin : va-t'en, retire-toi,
Et laisse Amphitryon dans les plaisirs qu'il goûte.

AMPHITRYON
1550 Comment Amphitryon est là dedans ?

MERCURE

Fort bien :
Qui, couvert des lauriers d'une victoire pleine,
Est auprès de la belle Alcmène,
A[2] jouir des douceurs d'un aimable entretien.
Après le démêlé d'un amoureux caprice[3],
Ils goûtent le plaisir de s'être rajustés.
Garde-toi de troubler leurs douces privautés,
Si tu ne veux qu'il ne punisse
L'excès de tes témérités.

Scène 3

AMPHITRYON

Ah ! quel étrange coup m'a-t-il porté dans l'âme !
1560 En quel trouble cruel jette-t-il mon esprit !
Et si les choses sont comme le traître dit,
Où vois-je ici réduits mon honneur et ma flamme ?
A quel parti me doit résoudre ma raison ?
    Ai-je l'éclat ou le secret à prendre ?
Et dois-je, en mon courroux, renfermer ou répandre
        Le déshonneur de ma maison ?
Ah ! faut-il consulter dans un affront si rude ?
Je n'ai rien à prétendre et rien à ménager ;
        Et toute mon inquiétude
1570   Ne doit aller qu'à me venger[1].

Scène 4

SOSIE, NAUCRATÈS, POLIDAS,
AMPHITRYON

SOSIE

Monsieur, avec mes soins tout ce que j'ai pu faire,
C'est de vous amener ces Messieurs que voici.

AMPHITRYON

Ah ! vous voilà ?

SOSIE

                    Monsieur.

AMPHITRYON

                            Insolent ! téméraire !

SOSIE

    Quoi ?

AMPHITRYON

        Je vous apprendrai de me traiter ainsi.

SOSIE

    Qu'est-ce donc ? qu'avez-vous ?

AMPHITRYON

                    Ce que j'ai, misérable ?

SOSIE

        Holà, Messieurs, venez donc tôt.

NAUCRATÈS

    Ah ! de grâce, arrêtez.

SOSIE

              De quoi suis-je coupable ?

AMPHITRYON

        Tu me le demandes, maraud ?

    Laissez-moi satisfaire un courroux légitime.

SOSIE

1580 Lorsque l'on pend quelqu'un, on lui dit pourquoi c'est.

NAUCRATÈS

    Daignez nous dire au moins quel peut être son crime.

SOSIE

        Messieurs, tenez bon, s'il vous plaît.

AMPHITRYON

        Comment ? il vient d'avoir l'audace

        De me fermer ma porte au nez,

        Et de joindre encor la menace

          A mille propos effrénés !

    Ah, coquin !

SOSIE

        Je suis mort.

NAUCRATÈS

Calmez cette colère.

SOSIE

Messieurs.

POLIDAS

Qu'est-ce ?

SOSIE

M'a-t-il frappé ?

AMPHITRYON

Non, il faut qu'il ait le salaire
1590 Des mots où tout à l'heure il s'est émancipé.

SOSIE

Comment cela se peut-il faire,
Si j'étais par votre ordre autre part occupé ?
Ces Messieurs sont ici pour rendre témoignage
Qu'à dîner avec vous je les viens d'inviter.

NAUCRATÈS

Il est vrai qu'il nous vient de faire ce message,
Et n'a point voulu nous quitter.

AMPHITRYON

Qui t'a donné cet ordre ?

SOSIE

Vous.

AMPHITRYON

Et quand ?

SOSIE

Après votre paix faite[1],
Au milieu des transports d'une âme satisfaite
1600 D'avoir d'Alcmène apaisé le courroux.

AMPHITRYON

Ô Ciel ! chaque instant, chaque pas
Ajoute quelque chose à mon cruel martyre ;

> Et dans ce fatal embarras,
> Je ne sais plus que croire, ni que dire.

NAUCRATÈS

> Tout ce que de chez vous il vient de nous conter
> > Surpasse si fort la nature,
> Qu'avant que de rien faire et de vous emporter,
> Vous devez éclaircir toute cette aventure.

AMPHITRYON

> Allons : vous y pourrez seconder mon effort,
> 1610 Et le Ciel à propos ici vous a fait rendre[1].
> Voyons quelle fortune en ce jour peut m'attendre :
> Débrouillons ce mystère, et sachons notre sort.
> > Hélas ! je brûle de l'apprendre,
> > Et je le crains plus que la mort.

Scène 5

JUPITER, AMPHITRYON, NAUCRATÈS,
POLIDAS, SOSIE

JUPITER

> Quel bruit à descendre m'oblige ?
> Et qui frappe en maître où je suis ?

AMPHITRYON

> Que vois-je ? justes Dieux !

NAUCRATÈS

> > Ciel ! quel est ce prodige ?
> Quoi ? deux Amphitryons ici nous sont produits !

AMPHITRYON

> > Mon âme demeure transie ;
> 1620 Hélas ! je n'en puis plus : l'aventure est à bout,

> Ma destinée est éclaircie[1],
> Et ce que je vois me dit tout.

NAUCRATÈS

Plus mes regards sur eux s'attachent fortement,
Plus je trouve qu'en tout l'un à l'autre est semblable.

SOSIE

Messieurs, voici le véritable ;
L'autre est un imposteur digne de châtiment.

POLIDAS

Certes, ce rapport admirable
Suspend ici mon jugement.

AMPHITRYON

C'est trop être éludés[2] par un fourbe exécrable :
1630 Il faut, avec ce fer[3], rompre l'enchantement.

NAUCRATÈS

Arrêtez.

AMPHITRYON

Laissez-moi.

NAUCRATÈS

Dieux ! que voulez-vous faire ?

AMPHITRYON

Punir d'un imposteur les lâches trahisons.

JUPITER

Tout beau ! l'emportement est fort peu nécessaire ;
Et lorsque de la sorte on se met en colère,
On fait croire qu'on a de mauvaises raisons.

SOSIE

Oui, c'est un enchanteur qui porte un caractère[4]
Pour ressembler aux maîtres des maisons.

AMPHITRYON

Je te ferai, pour ton partage,
Sentir par mille coups ces propos outrageants.

SOSIE

1640   Mon maître est homme de courage,
    Et ne souffrira point que l'on batte ses gens.

AMPHITRYON

    Laissez-moi m'assouvir dans mon courroux extrême,
    Et laver mon affront au sang d'un scélérat.

NAUCRATÈS

    Nous ne souffrirons point cet étrange combat
        D'Amphitryon contre lui-même.

AMPHITRYON

    Quoi ? mon honneur de vous reçoit ce traitement ?
    Et mes amis d'un fourbe embrassent la défense ?
    Loin d'être les premiers à prendre ma vengeance,
    Eux-mêmes font obstacle à mon ressentiment ?

NAUCRATÈS

1650   Que voulez-vous qu'à cette vue
        Fassent nos résolutions,
        Lorsque par deux Amphitryons
    Toute notre chaleur demeure suspendue ?
    A vous faire éclater notre zèle aujourd'hui,
    Nous craignons de faillir et de vous méconnaître[1].
    Nous voyons bien en vous Amphitryon paraître,
    Du salut des Thébains le glorieux appui ;
    Mais nous le voyons tous aussi paraître en lui,
    Et ne saurions juger dans lequel il peut être.
1660   Notre parti n'est point douteux,
    Et l'imposteur par nous doit mordre la poussière ;
    Mais ce parfait rapport le cache entre vous deux ;
        Et c'est un coup trop hasardeux
        Pour l'entreprendre sans lumière.
        Avec douceur laissez-nous voir
    De quel côté peut être l'imposture ;
    Et dès que nous aurons démêlé l'aventure,
    Il ne nous faudra point dire notre devoir.

Geneviève Casile et Jacques Toja. (Comédie-Française aux Tuileries, 1973.)

Geneviève Casile et Claude Giraud. (Comédie-Française aux Tuileries, 1973.)

JUPITER

 Oui, vous avez raison ; et cette ressemblance
1670 A douter de tous deux vous peut autoriser.
 Je ne m'offense point de vous voir en balance :
 Je suis plus raisonnable, et sais vous excuser.
 L'œil ne peut entre nous faire de différence,
 Et je vois qu'aisément on s'y peut abuser.
 Vous ne me voyez point témoigner de colère,
   Point mettre l'épée à la main :
 C'est un mauvais moyen d'éclaircir ce mystère,
 Et j'en puis trouver un plus doux et plus certain.
   L'un de nous est Amphitryon ;
1680 Et tous deux à vos yeux nous le pouvons paraître.
 C'est à moi de finir cette confusion ;
 Et je prétends me faire à tous si bien connaître,
 Qu'aux pressantes clartés de ce que je puis être,
 Lui-même soit d'accord du sang qui m'a fait naître,
 Il n'ait plus de rien dire aucune occasion.
 C'est aux yeux des Thébains que je veux avec vous
 De la vérité pure ouvrir la connaissance ;
 Et la chose sans doute est assez d'importance,
   Pour affecter[1] la circonstance
1690   De l'éclaircir aux yeux de tous.
 Alcmène attend de moi ce public témoignage :
 Sa vertu, que l'éclat de ce désordre outrage,
 Veut qu'on la justifie, et j'en vais prendre soin.
 C'est à quoi mon amour envers elle m'engage ;
 Et des plus nobles chefs je fais un assemblage[2]
 Pour l'éclaircissement dont sa gloire a besoin.
 Attendant avec vous ces témoins souhaités,
   Ayez, je vous prie, agréable
   De venir honorer la table
1700   Où vous a Sosie invités.

SOSIE

 Je ne me trompais pas. Messieurs, ce mot termine

> Toute l'irrésolution :
> Le véritable Amphitryon
> Est l'Amphitryon où l'on dîne[1].

AMPHITRYON

Ô Ciel ! puis-je plus bas me voir humilié[2] ?
Quoi ? faut-il que j'entende ici, pour mon martyre,
Tout ce que l'imposteur à mes yeux vient de dire,
Et que, dans la fureur que ce discours m'inspire,
> On me tienne le bras lié ?

NAUCRATÈS

1710 Vous vous plaignez à tort. Permettez-nous d'attendre
> L'éclaircissement qui doit rendre
> Les ressentiments de saison.
>> Je ne sais pas s'il impose[3] ;
>> Mais il parle sur la chose
>> Comme s'il avait raison.

AMPHITRYON

Allez, faibles amis, et flattez l'imposture :
Thèbes en a pour moi de tout autres que vous ;
Et je vais en trouver qui, partageant l'injure,
Sauront prêter la main à mon juste courroux.

JUPITER

1720 Hé bien ! je les attends, et saurai décider
> Le différend en leur présence.

AMPHITRYON

Fourbe, tu crois par là peut-être t'évader[4] ;
Mais rien ne te saurait sauver de ma vengeance.

JUPITER

> A ces injurieux propos
> Je ne daigne à présent répondre ;
> Et tantôt je saurai confondre
> Cette fureur, avec deux mots.

AMPHITRYON

Le Ciel même, le Ciel ne t'y saurait soustraire,
Et jusques aux Enfers j'irai suivre tes pas.

JUPITER

1730   Il ne sera pas nécessaire,
Et l'on verra tantôt que je ne fuirai pas.

AMPHITRYON

Allons, courons, avant que d'avec eux il sorte,
Assembler des amis qui suivent mon courroux,
Et chez moi venons à main forte[1],
Pour le percer de mille coups.

JUPITER

Point de façons, je vous conjure :
Entrons vite dans la maison.

NAUCRATÈS

Certes, toute cette aventure
Confond le sens et la raison.

SOSIE *Truce*

1740 Faites trêve, Messieurs, à toutes vos surprises,
Et pleins de joie, allez tabler[2] jusqu'à demain.
Que je vais m'en donner[3], et me mettre en beau train
De raconter nos vaillantises !
Je brûle d'en venir aux prises,
Et jamais je n'eus tant de faim.

Scène 6

MERCURE, SOSIE

MERCURE

Arrête. Quoi ? tu viens ici mettre ton nez,
Impudent fleureur[4] de cuisine ?

SOSIE

    Ah ! de grâce, tout doux !

MERCURE

                  Ah ! vous y retournez !
    Je vous ajusterai[1] l'échine.

SOSIE

1750   Hélas ! brave et généreux moi,
        Modère-toi, je t'en supplie.
        Sosie, épargne un peu Sosie,
    Et ne te plais point tant à frapper dessus toi.

MERCURE

        Qui de t'appeler de ce nom
        A pu te donner la licence ?
    Ne t'en ai-je pas fait une expresse défense,
    Sous peine d'essuyer mille coups de bâton ?

SOSIE

    C'est un nom que tous deux nous pouvons à la fois
        Posséder sous un même maître.
1760 Pour Sosie en tous lieux on sait me reconnaître ;
        Je souffre bien que tu le sois :
        Souffre aussi que je le puisse être.
        Laissons aux deux Amphitryons
        Faire éclater des jalousies :
        Et parmi leurs contentions[2],
    Faisons en bonne paix vivre les deux Sosies.

MERCURE

    Non : c'est assez d'un seul, et je suis obstiné
        A ne point souffrir de partage.

SOSIE

    Du pas devant sur moi tu prendras[3] l'avantage ;
1770 Je serai le cadet, et tu seras l'aîné.

MERCURE

    Non : un frère incommode, et n'est pas de mon goût,
        Et je veux être fils unique.

SOSIE

      Ô cœur barbare et tyrannique !
Souffre qu'au moins je sois ton ombre.

MERCURE

                                Point du tout.

SOSIE

Que d'un peu de pitié ton âme s'humanise ;
En cette qualité souffre-moi près de toi :
Je te serai partout une ombre si soumise,
      Que tu seras content de moi.

MERCURE

      Point de quartier : immuable est la loi.
1780 Si d'entrer là dedans tu prends encor l'audace,
      Mille coups en seront le fruit.

SOSIE

      Las ! à quelle étrange disgrâce,
      Pauvre Sosie, es-tu réduit ?

MERCURE

      Quoi ? ta bouche se licencie[1]
A te donner encore un nom que je défends ?

SOSIE

      Non, ce n'est pas moi que j'entends,
      Et je parle d'un vieux Sosie
      Qui fut jadis de mes parents,
      Qu'avec très grande barbarie,
1790 A l'heure du dîner, l'on chassa de céans.

MERCURE

Prends garde de tomber dans cette frénésie[2],
Si tu veux demeurer au nombre des vivants.

SOSIE

Que je te rosserais, si j'avais du courage,
Double fils de putain, de trop d'orgueil enflé !

MERCURE
    Que dis-tu ?

SOSIE
            Rien.

MERCURE
                Tu tiens, je crois, quelque langage.

SOSIE
            Demandez : je n'ai pas soufflé.

MERCURE
            Certain mot de fils de putain
            A pourtant frappé mon oreille,
                Il n'est rien de plus certain.

SOSIE
1800 C'est donc un perroquet que le beau temps réveille.

MERCURE
    Adieu. Lorsque le dos pourra te démanger,
            Voilà l'endroit où je demeure.

SOSIE
            Ô Ciel ! que l'heure de manger
    Pour être mis dehors est une maudite heure !
    Allons, cédons au sort dans notre affliction,
    Suivons-en aujourd'hui l'aveugle fantaisie ;
            Et par une juste union,
            Joignons le malheureux Sosie
            Au malheureux Amphitryon.
1810 Je l'aperçois venir en bonne compagnie.

Scène 7

AMPHITRYON, ARGATIPHONTIDAS,
POSICLÈS, SOSIE

AMPHITRYON

 Arrêtez là, Messieurs ; suivez-nous d'un peu loin,
   Et n'avancez tous, je vous prie,
   Que quand il en sera besoin.

POSICLÈS

 Je comprends que ce coup doit fort toucher votre âme.

AMPHITRYON

 Ah ! de tous les côtés mortelle est ma douleur,
   Et je souffre pour ma flamme
   Autant que pour mon honneur.

POSICLÈS

 Si cette ressemblance est telle que l'on dit,
   Alcmène, sans être coupable...

AMPHITRYON

1820   Ah ! sur le fait dont il s'agit,
 L'erreur simple devient un crime véritable,
 Et, sans consentement, l'innocence y périt.
 De semblables erreurs, quelque jour qu'on leur donne[1],
   Touchent des endroits délicats,
  Et la raison bien souvent les pardonne,
 Que l'honneur et l'amour ne les pardonnent pas[2].

ARGATIPHONTIDAS

 Je n'embarrasse point là-dedans ma pensée ;
 Mais je hais vos Messieurs[3] de leurs honteux délais ;
 Et c'est un procédé dont j'ai l'âme blessée,
1830 Et que les gens de cœur n'approuveront jamais.
 Quand quelqu'un nous emploie[4], on doit, tête baissée,
   Se jeter dans ses intérêts.

Argatiphontidas ne va point aux accords[1].
Écouter d'un ami raisonner l'adversaire
Pour des hommes d'honneur n'est point un coup à faire :
Il ne faut écouter que la vengeance alors.
   Le procès ne me saurait plaire ;
Et l'on doit commencer toujours, dans ses transports,
   Par bailler, sans autre mystère,
1840   De l'épée au travers du corps.
   Oui, vous verrez, quoi qu'il advienne,
Qu'Argatiphontidas marche droit sur ce point ;
   Et de vous il faut que j'obtienne
   Que le pendard ne meure point
   D'une autre main que de la mienne.

AMPHITRYON

Allons[2].

SOSIE

   Je viens, Monsieur, subir, à vos genoux,
Le juste châtiment d'une audace maudite.
Frappez, battez, chargez, accablez-moi de coups,
   Tuez-moi dans votre courroux :
1850   Vous ferez bien, je le mérite,
Et je n'en dirai pas un seul mot contre vous.

AMPHITRYON

Lève-toi. Que fait-on ?

SOSIE

     L'on m'a chassé tout net ;
Et croyant à manger m'aller comme eux ébattre,
   Je ne songeais pas qu'en effet[3]
   Je m'attendais là pour me battre.
Oui, l'autre moi, valet de l'autre vous, a fait
   Tout de nouveau le diable à quatre.
   La rigueur d'un pareil destin,
   Monsieur, aujourd'hui nous talonne ;
1860   Et l'on me dés-Sosie enfin
   Comme on vous dés-Amphitryonne.

AMPHITRYON
Suis-moi.

SOSIE

N'est-il pas mieux de voir s'il vient personne ?

Scène 8

CLÉANTHIS, NAUCRATÈS, POLIDAS, SOSIE, AMPHITRYON, ARGATIPHONTIDAS, POSICLÈS

CLÉANTHIS
Ô Ciel !

AMPHITRYON

Qui t'épouvante ainsi ?
Quelle est la peur que je t'inspire ?

CLÉANTHIS
Las ! vous êtes là-haut, et je vous vois ici !

NAUCRATÈS

Ne vous pressez point : le voici,
Pour donner devant tous les clartés qu'on désire,
Et qui, si l'on peut croire à ce qu'il vient de dire,
Sauront vous affranchir de trouble et de souci.

Scène 9

MERCURE, CLÉANTHIS, NAUCRATÈS, POLIDAS, SOSIE, AMPHITRYON, ARGATIPHONTIDAS, POSICLÈS

MERCURE
1870 Oui, vous l'allez voir tous ; et sachez par avance
Que c'est le grand maître des Dieux

Que, sous les traits chéris de cette ressemblance,
Alcmène a fait du ciel descendre dans ces lieux ;
      Et quant à moi, je suis Mercure,
Qui, ne sachant que faire, ai rossé tant soit peu
      Celui dont j'ai pris la figure :
Mais de s'en consoler il a maintenant lieu ;
      Et les coups de bâton d'un dieu
      Font honneur à qui les endure.

SOSIE

1880 Ma foi ! Monsieur le dieu, je suis votre valet :
Je me serais passé de votre courtoisie.

MERCURE

Je lui donne à présent congé[1] d'être Sosie :
Je suis las de porter un visage si laid,
Et je m'en vais au ciel, avec de l'ambrosie[2],
      M'en débarbouiller tout à fait.

   Il vole dans le ciel.

SOSIE

Le Ciel de m'approcher t'ôte à jamais l'envie !
Ta fureur s'est par trop acharnée après moi ;
      Et je ne vis de ma vie
      Un dieu plus diable que toi.

Scène 10

JUPITER, CLÉANTHIS, NAUCRATÈS, POLIDAS, SOSIE, AMPHITRYON, ARGATIPHONTIDAS, POSICLÈS

JUPITER, *dans une nue.*

1890 Regarde, Amphitryon, quel est ton imposteur,
Et sous tes propres traits vois Jupiter paraître :

A ces marques tu peux aisément le connaître ;
Et c'est assez, je crois, pour remettre ton cœur
       Dans l'état auquel il doit être,
Et rétablir chez toi la paix et la douceur.
Mon nom, qu'incessamment toute la terre adore,
Étouffe ici les bruits qui pouvaient éclater.
       Un partage avec Jupiter
       N'a rien du tout qui déshonore ;
1900 Et sans doute il ne peut être que glorieux
De se voir le rival du souverain des Dieux.
Je n'y vois pour ta flamme aucun lieu de murmure ;
       Et c'est moi, dans cette aventure,
Qui, tout dieu que je suis, dois être le jaloux.
Alcmène est toute à toi, quelque soin qu'on emploie ;
Et ce doit à tes feux être un objet bien doux
De voir que pour lui plaire il n'est point d'autre voie
       Que de paraître son époux,
Que Jupiter, orné de sa gloire immortelle,
1910 Par lui-même n'a pu triompher de sa foi,
       Et que ce qu'il a reçu d'elle
N'a par son cœur ardent été donné qu'à toi.

SOSIE

Le seigneur Jupiter sait dorer la pilule[1].

JUPITER

Sors donc des noirs chagrins que ton cœur a soufferts,
Et rends le calme entier à l'ardeur qui te brûle :
Chez toi doit naître un fils qui, sous le nom d'Hercule,
Remplira de ses faits tout le vaste univers.
L'éclat d'une fortune en mille biens féconde
Fera connaître à tous que je suis ton support[2],
1920   Et je mettrai tout le monde
       Au point d'envier ton sort[3].
       Tu peux hardiment te flatter
       De ces espérances données ;
C'est un crime que d'en douter :

>   Les paroles de Jupiter
>   Sont des arrêts des destinées.

Il se perd dans les nues.

NAUCRATÈS
Certes, je suis ravi de ces marques brillantes...

SOSIE
Messieurs, voulez-vous bien suivre mon sentiment ?
>   Ne vous embarquez nullement
1930   Dans ces douceurs congratulantes :
>   C'est un mauvais embarquement,
Et d'une et d'autre part[1], pour un tel compliment,
>   Les phrases sont embarrassantes.
Le grand dieu Jupiter nous fait beaucoup d'honneur,
Et sa bonté sans doute est pour nous sans seconde ;
>   Il nous promet l'infaillible bonheur
>   D'une fortune en mille biens féconde,
Et chez nous il doit naître un fils d'un très grand cœur :
>   Tout cela va le mieux du monde ;
1940   Mais enfin coupons[2] aux discours,
Et que chacun chez soi doucement se retire.
>   Sur telles affaires, toujours
>   Le meilleur est de ne rien dire.

Commentaires

Notes

par

Jean-Pierre Collinet

Commentaires

Originalité de l'œuvre

Pièce insolite, assurément, dans le théâtre de Molière, tant par l'emploi des vers irréguliers, mode exceptionnel d'écriture pour une comédie, que par le caractère mythologique de la donnée. Pièce originale ? Il faut s'entendre. Pour ne pas compter encore autant de prédécesseurs que le trente-huitième du nom, rendu célèbre en 1929 par Jean Giraudoux, cet *Amphitryon*-ci ne se situe pas davantage à l'origine de sa lignée, puisqu'on lui connaît, non pas un modèle, mais au moins deux, et même trois. Chez les classiques français — qu'ils s'appellent Boileau, La Fontaine, Racine ou Molière —, l'imitation des Anciens — Plaute en l'occurrence —, principe fondamental de leur doctrine littéraire, ne va presque jamais, en effet (on l'ignore trop souvent) sans l'utilisation concomitante d'une source secondaire qui sert commodément d'invisible intermédiaire et de relais. Il se trouve ici que Rotrou, pendant que Corneille écrivait *Le Cid*, en 1636 ou 1637, avait fidèlement suivi la tragi-comédie du poète latin dans les cinq actes en alexandrins de ses *Sosies*. L'œuvre avait disparu du répertoire, le goût ayant changé. Mais Molière la connaissait — par cœur peut-être, s'il l'avait jouée en 1644 ou 1645, à l'époque de l'Illustre-Théâtre, quand elle se trouvait relativement nouvelle encore, ou plus tard, dans ses années de pérégrinations en province. Depuis, on l'avait oubliée. Pourquoi ne pas la rajeunir et la dépoussiérer ? Le moment s'y prêtait. L'année précédente, on avait pris Lille, et bien d'autres places étaient tombées, presque sans coup férir. Sous le commandement de Condé, qui justement allait se voir dédier la pièce, on s'apprêtait, en plein hiver, à conquérir la Franche-Comté. D'autre part, on commençait à chuchoter que le roi, quelques mois plus tôt, venait de prendre pour maîtresse, après Mlle de La Vallière et, pour l'heure concurremment avec elle, une femme déjà mariée, la marquise de Montespan. Le sujet, dans ces conjonctures, prenait une actualité piquante.

Au texte de Plaute manquent cependant plusieurs centaines de vers, qui se sont perdus entre le troisième acte et le cinquième. Cette lacune fut comblée, au XVe siècle, par un obscur grammairien nommé Hermolaüs Barbarus. Sa restitution conjecturale, qui détonne par plus d'emphase avec le style du reste, n'en servit pas moins de source à Rotrou, puis à Molière à travers lui, pour la partie disparue de la comédie originelle. Il en résulte que l'*Amphitryon* de Molière se laisse décomposer en trois séries d'éléments, dont, via Rotrou, les uns remontent à Plaute et les seconds à son réparateur tardif, tandis que les derniers, plus personnels, ne doivent pratiquement rien aux différents devanciers. Car on y discerne de multiples échos qui rattachent la pièce au reste de l'œuvre moliéresque, bien qu'elle puisse en paraître à première vue si différente. Le malentendu qui brouille un moment Alcmène avec son époux rappelle d'autant plus *Dépit amoureux* qu'ici comme là, par une innovation qui n'appartient qu'à Molière, le différend des maîtres se double plaisamment de la querelle entre les domestiques. La jalousie d'Amphitryon s'apparente de si près à celle de dom Garcie dans la pièce de ce titre que le poète, s'imitant lui-même, en transpose, à l'acte II, scène 6, tout un passage dans le registre plus léger des vers mêlés. Les congratulations intempestives que reçoit sur sa victoire l'infortuné mari ajoutent un désagrément supplémentaire à la liste de ceux que passaient en revue *Les Fâcheux*. Telles plaisanteries sur les époux ombrageux ou complaisants renvoient à *Sganarelle*, ainsi qu'aux deux *Écoles*, et le persiflage de Cléanthis contre le

charlatanisme médical prolonge incidemment les imper-
tinences de Lisette dans *L'Amour médecin*, ou mieux
encore le démêlé de Martine avec Sganarelle dans *Le
Médecin malgré lui*, de même qu'il anticipe sur les
railleries de la moqueuse Toinette dans *Le Malade
imaginaire*. Comment, d'autre part, Molière oublierait-il
son *Tartuffe*, toujours interdit, et pour une année encore ?
Amphitryon, si l'on veut en comprendre le sens et la
portée, doit être lu dans l'éclairage de cette querelle. Pour
se sublimer en séducteur divin, Jupiter n'en laisse pas
moins reconnaître à la fois un avatar de don Juan et de
l'imposteur qui s'insinuait dans une honnête famille pour
en ridiculiser le chef et le dépouiller de ses biens les plus
précieux. Sous le travesti moins compromettant de la
mythologie païenne, Molière continue à plaider la même
cause. Seulement, le plus chaud de la lutte s'éloigne.
Molière se sent fort de l'appui royal. Sous l'amertume
perce une sorte d'allégresse annonciatrice de la revanche
désormais sûre, sinon prochaine.

Cette pièce qu'on pourrait prendre pour le simple
remaniement d'une précédente adaptation, une version
de Plaute fondée sur la traduction préexistante de Rotrou,
donc une copie au second degré, s'avère, on le voit, un
chef-d'œuvre plus médité, plus concerté, riche d'inten-
tions multiples et complexes, où s'exprime, avec une
souveraine aisance, la pleine maturité d'un génie comique
au sommet de son art. L'œuvre, par sa date, appartient
sans conteste à ce bref apogée d'un classicisme français
encore dans toute la jeune vigueur de sa première sève,
marqué, juste à la même époque, par les *Satires* de
Boileau, les premières tragédies de Racine, les *Fables* de
La Fontaine, et qui sait trouver son originalité dans une
émulation stimulante, sans rien de servile, avec les
Anciens. Le futur fabuliste, naguère, saluait en l'auteur
des *Fâcheux* l'avènement d'un nouveau Térence, dont il
ramenait chez les Français l'air et le bon goût. Mais voici
qu'il se double aussi d'un second Plaute : l'année 1668,
qui s'ouvre pour lui par *Amphitryon*, avant de se clore
sur *L'Avare*, coïncide en effet dans sa carrière avec un

court moment placé sous cette influence, peut-être parce que les débuts d'une maladie qui finira par l'emporter et qui l'empêche, semble-t-il, assez souvent de jouer au cours de cette période lui laissent davantage le loisir de lire, ou de relire. Il s'ensuit de là que seule une comparaison de la pièce avec ses sources, à laquelle nous reviendrons, peut permettre d'apprécier exactement ce qu'il apporte ici de neuf et de personnel.

Thèmes et personnages

L'origine de la légende qui dote Héraclès de sa naissance mythique se perd dans la nuit des temps. Le sujet semble avoir appartenu d'abord à la tragédie. On connaît, en Grèce, deux *Amphitryon* d'Euripide, un d'Archippus, mais par le titre seulement : le texte en a disparu. Plaute, à Rome, plus tard, l'infléchit vers la comédie, mais non entièrement : lui-même, dans le prologue, définit « *tragi-comoedia* » cette pièce où les dieux côtoient les hommes et se ravalent jusqu'à dialoguer avec des esclaves. Rotrou conserve ce mélange de deux tonalités, l'une héroïque, l'autre bouffonne, qu'il juxtapose dans ses *Sosies*. Molière annexe plus franchement le thème au domaine de la pure comédie, non sans tirer des modulations subtiles de l'alternance entre un léger burlesque et les délicatesses les plus quintessenciées de la préciosité galante.

Le comique repose ici sur le dédoublement des personnages, Mercure prenant la figure de Sosie, tandis que Jupiter séduit Alcmène sous les traits d'Amphitryon. Postulat un peu gros : comme l'observe le mari lui-même (v. 1470), s'il existe des ressemblances assez troublantes pour permettre une substitution d'identité, qu'une jeune épouse s'y laisse tromper ne paraît guère croyable. Mais il faut admettre ce postulat et mettre sur le compte de la fiction mythologique ce qu'il comporte d'invraisemblance. Chez Plaute, il sert essentiellement à provoquer des quiproquos en chaîne et susciter, comme dans *Les*

Ménechmes, où l'intrigue exploite le thème des jumeaux pris l'un pour l'autre, un inextricable imbroglio, source de multiples effets comiques. Dans la version de Rotrou, cette confusion entre la personne et son simulacre provoquait, en même temps que le rire, un vertige plus profond, propre à séduire la sensibilité de l'âge baroque, prompte à se fasciner pour les permutations du réel et de l'apparence. La méditation commencée s'approfondit avec Molière, sans perdre de son caractère plaisant. L'interrogation sur les fondements mêmes d'une personnalité dont, comme Sosie ou son maître, on se trouve dépossédé montre assez que, dans l'intervalle, Descartes a publié son *Discours de la méthode*. « *Cogito, ergo sum.* » Cela me prouve que j'existe en tant que sujet pensant, mais qui me garantira que « je » ne puisse pas être cet « autre » en lequel un Rimbaud essaiera, par l'ascèse poétique, de se transformer ? La comédie s'élève, d'un bond agile, jusqu'au seuil de la réflexion philosophique. Dans ce monde que des jeux de miroir semblent, pour un instant, livrer en proie au délire de l'absurde, on ne se contente pas d'être affligé de son reflet ; soi-même, par jeu, volontiers on se dédouble : Sosie, comiquement, quand il répète son ambassade, interprète à la fois son rôle et celui d'Alcmène ; mieux, il assiste en tiers à l'audience imaginaire et la ponctue de ses apartés ; Jupiter, en casuiste consommé, tente de démêler l'amant qu'il est devenu d'Alcmène à son insu, du mari pour lequel à ses yeux il se donne, par un distinguo dans lequel, sagement, elle refuse d'entrer. Trouvailles, dans les deux cas, de Molière seul, qui ne les a point prises chez ses devanciers.

Cette libre et charmante fantaisie, qui semblerait si gratuite de prime abord, s'ancre cependant plus qu'on ne croit dans la réalité contemporaine. Déjà présente à l'horizon de l'œuvre chez Plaute et chez Rotrou, la guerre, en 1667 et 1668, se trouvait justement à l'ordre du jour. La rapide mise au pas des Téléboens ressemble aux campagnes éclairs qui termineront bientôt la guerre de Dévolution. Quand Alcmène, jeune mariée, tremble pour son époux absent (v. 552-564), ses touchantes appréhensions devaient éveiller plus d'une résonance dans le cœur des spectatrices. L'expédition, rondement menée grâce à la valeur personnelle d'Amphitryon, est conçue comme une de ces opérations dont on revient couvert de gloire, sans avoir couru de trop graves dangers, ni reçu, pour autant qu'on sache, la moindre égratignure : quoi de plus exaltant pour maintenir à la température voulue l'enthousiasme du public ?

Cependant on a cru pouvoir déceler aussi dans la pièce des allusions, transparentes pour les initiés seuls, mais par là d'autant plus savoureuses, à l'amour illicite de Louis XIV pour Mme de Montespan. De cette clef pourtant on ne s'avise pas avant le XIXᵉ siècle. Rœderer le premier établit le rapprochement, suivi par Michelet. Personne, à l'époque, ne paraît l'avoir soupçonné ; du moins ne l'a-t-on pas laissé voir. Lorsque *Amphitryon* fut créé, la nouvelle galanterie du monarque n'était point encore officiellement divulguée. Sur son infortune conjugale, pour quelques mois encore, le mari bafoué se tiendrait coi. Son mécontentement ne s'était signalé par aucune des excentricités auxquelles il ne se livra que trop par la suite. On risque donc fort de se tromper, quand on l'identifie avec l'époux d'Alcmène. Même si Jupiter, à la fin, reprend toute sa majesté, le travesti du dieu, la clandestinité de son intrusion ne rendent guère convenable ni flatteuse pour le roi sa comparaison avec Louis XIV. Amphitryon, d'ailleurs, échappe au ridicule, émeut par la sincérité de sa souffrance et, jouet d'une mystification qui le dépasse, réagit en homme de cœur. Sur un terrain si glissant, l'allusion se devait de rester évasive et des plus discrètes.

Amphitryon comporte six personnages principaux, qui s'étagent en trois couples superposés : celui des valets, celui des maîtres et celui des dieux, ou, suivant une autre répartition, flanquent symétriquement le général et son serviteur Sosie de leurs doubles, Jupiter et Mercure, ainsi que de leurs moitiés, Alcmène et Cléanthis. Tous dérivent en droite ligne de Plaute et de Rotrou, sauf la dernière nommée, qui descend bien aussi de Bromia, la servante latine, élevée avec Céphalie au rang de suivante dans *Les Sosies*, mais que Molière seul marie au domestique d'Amphitryon, de manière que leur union, joignant à l'époux blasé par quinze ans de vie en commun la femme insatisfaite, forme un amusant contrepoint au jeune ménage encore dans sa lune de miel et préfigure la dégradation qui risque d'atteindre un jour l'heureuse entente de leurs cœurs, déjà fissurée un instant par la subreptice intrusion du dieu.

Les personnages secondaires se réduisent aux quatre capitaines thébains, dont deux, Naucratès et Polidas, conviés par Sosie sur l'ordre de Jupiter, se rendent chez Amphitryon pour y dîner, tandis que les autres, Argatiphontidas et Posiclès, recrutés par Amphitryon, viendront lui prêter main-forte ou l'aider à tirer au clair son extravagante aventure. Chez Plaute, autant qu'on puisse conjecturer, il n'existait d'autre invité que le pilote Blépharon. Chez Rotrou, le faux Amphitryon accueillait à sa table trois officiers, dont le premier surtout prend la parole, laissant ses comparses à leur emploi de figurants plus effacés ; un quatrième commande les gardes envoyés sur la requête du véritable Amphitryon à sa rescousse par le roi Créon : de lui sont issus, par dédoublement, l'accommodant conciliateur et le bravache expéditif, si plaisamment mis en opposition par Molière auprès de son Amphitryon.

Pour le prologue, il reprend à Plaute le personnage de Mercure, auquel s'était substitué dans la version de Rotrou celui de la vindicative Junon. Mais il remplace le monologue introductif du dieu dans la pièce latine par un dialogue dans le ciel avec la Nuit personnifiée, dont l'idée lui vient de Lucien.

Avant Giraudoux, Molière, discrètement, modernise : au personnel fourni par la Grèce mythologique ou légendaire, il prête, aisément reconnaissables, des mœurs conformes à celles de son pays et de son siècle. Non qu'il cultive l'anachronisme, comme Dassoucy, Scarron et les burlesques en vogue deux décennies plus tôt. Un amalgame harmonieux, au contraire, de l'actuel avec l'antique lui permet d'atteindre à cet universel dans la peinture des sentiments et des cœurs auquel tend notre classicisme. Le ton, dès le préambule, est donné : on y parle, avec le libre naturel de la causerie, moyens de locomotion tout comme deux personnes en visite qui se rencontreraient dans un salon de la capitale. On peste avec esprit contre les poètes et leurs imaginations. Entre deux potins, on disserte pour ou contre sur les aventures galantes et les métamorphoses dont le maître des dieux défraie la chronique scandaleuse de l'Olympe. On risque des propos un peu lestes, dont l'interlocutrice affecte pudiquement de s'effaroucher...

Le seul des costumes dont nous soit parvenue la description, celui de **Sosie**, qu'interprétait Molière, rend sensible aux yeux cette stylisation qui met au goût du jour l'antiquité la plus reculée. Il consiste en « un tonnelet de taffetas vert, avec une petite dentelle d'argent fin, une chemisette de même taffetas, deux cuissards de satin rouge, une paire de souliers avec des laçures garnies d'un galon d'argent, avec un bas de soie céladon, les festons, la ceinture et un jupon et un bonnet brodé or et argent fin ». Hormis le couvre-chef, rien n'indique ici la condition servile. On conçoit que s'il tient de ses modèles couardise, penchant pour la boisson, gloutonnerie, traditionnellement attribués aux valets de comédie depuis les Grecs et les Romains, Sosie s'exprime sur le service auprès des grands avec une amertume presque aussi désabusée que bientôt La Bruyère dans ses *Caractères*, ou qu'il préconise aux complimenteurs intempestifs, en guise de moralité finale, une discrétion de mise dans des affaires aussi délicates, avec la prudence consommée d'un courtisan tel que le Renard dans les *Fables* de La Fontaine.

Amphitryon, de même, sait désormais tourner galamment le madrigal, donner sur la façon dont on souffre en l'absence de l'être aimé quand on est bien épris des leçons que ne désavouerait pas l'Amour lui-même qui, dans le roman du fabuliste, publié l'année suivante, ne

tiendra pas un autre langage à la jeune Psyché. Les
Anciens ne connaissaient guère cette jalousie raffinée,
sentiment tout moderne, dont il éprouve tous les tourments et toutes les affres.

Jupiter ne lui cède en rien dans l'art de subtiliser, qu'il
semble avoir appris dans les ruelles précieuses, tant on
le dirait rompu par le jeu des questions galantes à la
sophistique amoureuse. Comment le dépit et le ressentiment pourraient-ils ne pas fondre devant la grâce dolente
qu'il met à son rôle d'amant prêt à se transpercer de son
épée (comme s'il ne se savait pas immortel !), par
désespoir d'avoir fâché sa maîtresse ? Mais quand il
dépouille son humanité fictive pour se manifester dans
toute sa gloire, il n'apparaît encore que comme une figure
sublimée du Roi-Soleil, dont il emprunte l'imposante
grandeur, avec l'éclat de ses rayons. En vertu de l'idéo-
logie régnante, le maître des dieux n'est pas imaginé sur
un autre modèle que celui des hommes : double incarnation d'une même divinité solaire.

Alcmène subit une évolution tout analogue. Elle cesse
de ressembler à la jeune Béotienne, transformée par
Plaute en matrone romaine, porteuse de jumeaux dont
la naissance imminente forme chez lui comme chez
Rotrou le dénouement miraculeux de la pièce. Loin de
vivre confinée dans le gynécée, elle s'est affinée, on le
sent, par le commerce du monde. Sa tendresse conjugale
y gagne en grâce délicate, sans qu'elle-même perde rien
de sa scrupuleuse honnêteté. Sa pudique fierté ne sup-
porte pas qu'on puisse douter un seul instant de sa vertu.
Le plus léger soupçon la blesse : elle n'entend pas qu'on
plaisante avec elle sur le chapitre de sa fidélité, rejoignant
à cet égard bien d'autres personnages de jeunes filles ou
de femmes, dans le théâtre de Molière, aussi promptes à
se dépiter qu'à se réconcilier, disposées à rompre plutôt
que de se laisser tyranniser par un jaloux. L'épouse
honnête, sur ce point du moins, ne pense guère autrement
que la coquette Célimène du *Misanthrope*, bien qu'elles
apparaissent à tous les autres points de vue comme
antithétiques.

Son charme, comme celui de la jeune veuve trop légère par la mise en parallèle avec Arsinoé, se trouve rehaussé par le contraste amusant que forme la présence à ses côtés de **Cléanthis**, si différente d'âge, de condition, d'humeur et de tempérament. La prude est caricaturée, cette fois, d'un trait moins appuyé. Le portrait, plus allègrement enlevé, tourne à la charge. La fureur inoffensive de cette « Madame Honesta » comparable à celle de La Fontaine dans la nouvelle de *Belphégor*, mais plus enragée qu'elle de sa continence forcée, offre un spectacle des plus réjouissants.

Même une simple silhouette comme **Argatiphontidas** permet à Molière de saisir sur le vif et de dessiner en quelques traits un de ces bretteurs toujours prêts à croiser le fer pour trancher les différends, dont l'espèce, pour être devenue plus rare depuis les édits contre le duel, n'avait pas encore totalement disparu de son temps.

Partout, on le voit, dans cette comédie mythologique, la réalité du XVIIᵉ siècle affleure pour en rajeunir et vivifier le sujet. Tirant ses héros d'un passé légendaire et sans âge, Molière, avant Giraudoux, leur donne le visage le plus capable de les rendre séduisants pour ses contemporains et le plus apte à les rapprocher d'eux. Dans cette remise à jour de mythes éternels réside l'essence même du véritable classicisme.

Le travail de l'écrivain

Classique aussi de facture, la pièce obéit, mais avec une allègre et libre souplesse, à la règle des trois unités, de même qu'elle satisfait au double impératif de vraisemblance et de bienséance, à condition qu'on entende ces notions au sens large. Ses trois actes se déroulent entre le point du jour et le « dîner », qui désigne ici le repas de midi. Prologue compris, la comédie n'excède pas l'espace d'une seule nuit, suivie d'une demi-journée. Mais dans l'intervalle qui sépare le préambule du reste, l'écou-

lement normal du temps demeure suspendu pour une
durée indéfinie : élasticité miraculeuse par où le précepte
des vingt-quatre heures, sans qu'on l'enfreigne, s'anéantit.
Admirable « naissance du jour » (car le titre de Colette
se trouve déjà sous la plume de Molière, au v. 117), où
les ombres trompeuses du petit matin finissent par se
dissiper dans l'éclatante lumière où se situe, claudélien
avant la lettre, ce « partage de midi » ! Comme à Versailles, où le cycle solaire, depuis le bassin d'Apollon
jusqu'à la grotte de Téthys, commence à cette époque de
rythmer l'ordonnance du parc, avant que les Grands
Appartements n'installent dans le château l'astronomie
planétaire, la marche suspendue puis reprise du temps
s'intègre à l'action, du délicieux duo nocturne où Jupiter,
prenant congé d'Alcmène, lui susurre dans la fraîcheur
de l'aube ses galants madrigaux, à l'aveuglante évidence
de la révélation finale dans l'accablante lumière d'un
astre à son zénith, plus profondément et plus poétiquement sans doute que nulle part ailleurs dans notre théâtre
classique. L'unicité du lieu se trouve mieux respectée,
encore que les tête-à-tête intimes entre Alcmène et son
amant divin, ou son explication avec son mari, comme
le compte que règle Cléanthis avec le sien, se conçoivent
moins bien dans la rue qu'à l'intérieur du palais. Cependant, si toute l'action se passe devant la maison, le seuil
que les personnages humains n'en peuvent momentané-
ment franchir parce qu'on leur ferme l'accès d'un espace
que cet interdit même sacralise, et le balcon ou la terrasse
d'où Mercure nargue Amphitryon jusqu'à lui lancer des
projectiles, enlèvent au décor de carrefour ou de rue,
traditionnel pour le genre comique, son habituelle bana-
lité, non sans rappeler discrètement la disposition des
scènes antiques et leurs deux étages. L'intrigue est réduite
à la plus extrême simplicité, même si le démêlé des
valets entrelace un second fil au premier. Point d'entorse
à la bienséance, autant que le permet le caractère si
scabreux de la donnée, sauf quelques trivialités de langage
qui tranchent sur la délicatesse raffinée du reste, dans les
entretiens entre Sosie et son double. Encore Molière, sur

ce chapitre, demeure-t-il bien en deçà de Plaute, qui n'autorisait que trop le recours à de tels effets comiques. Rien non plus que de crédible, dès lors qu'on admet le merveilleux de convention que présupposait cette fable mythologique. L'auteur latin que Molière, après Rotrou, choisit de suivre, lui servait suffisamment de garant à cet égard.

Ses principales innovations dramaturgiques se ramènent à deux : il réduit à trois actes les cinq de ses modèles ; aux alexandrins de son devancier français, il substitue les vers irréguliers. Double remodelage qui donne à l'œuvre un charme piquant de nouveauté.

Analyse de l'action

Le prologue montre Mercure qui, nonchalamment assis sur un nuage, attend au passage la Nuit pour lui demander de retarder sa marche afin de prolonger les plaisirs que Jupiter, sous l'apparence d'Amphitryon, goûte auprès d'Alcmène. Chez Plaute, le messager des dieux, seul en scène, s'adressait au public, suivant l'usage dans la comédie latine, pour le mettre au courant de ce qu'il allait voir. Lui substituant Junon, qui récrimine contre les infidélités de son époux, résolue pour s'en venger à persécuter inexorablement le fruit de ses amours adultères avec la femme d'Amphitryon, Rotrou, plus encore que son prédécesseur, mettait d'entrée l'accent sur la naissance d'Hercule, thème qui, dans l'original déjà, tenait une place importante, mais qui n'existera plus chez Molière qu'à l'état d'infime vestige, tout à la fin. L'auteur des *Sosies* le reprendra, peu de temps avant sa mort, dans son dernier ouvrage, une pièce à machines aujourd'hui perdue, représentée en 1649 par la troupe du Marais. Un *Dialogue des dieux* où Lucien choisit le Soleil pour interlocuteur à Mercure a donné l'essor à l'imagination de Molière. Venu lui porter l'ordre de dételer ses chevaux pendant trois jours pour laisser tout loisir à Jupiter, le commissionnaire ailé le quittait en effet sur ces mots, que nous citons dans la traduction de Perrot d'Ablancourt, parue en 1654 chez Augustin Courbé (t. I,

p. 85) : « Cependant, je vais achever ma commission, et dire à la Lune qu'elle ne se hâte pas non plus, et au sommeil qu'il n'abandonne point les hommes, de peur qu'ils ne s'aperçoivent de ce changement. »

L'acte premier juxtapose deux couples de scènes. Seul d'abord, Sosie arrive en pleine obscurité, sa lanterne à la main, chargé d'annoncer à l'épouse de son maître le gain de la bataille contre les habitants de Télèbe, l'assaut par lequel on s'est emparé de leur ville et la mort de Ptérélas, leur chef : événements de longue date intégrés à la légende, mais dénués de fondement historique et présentés par Molière sur le modèle de ce qui s'était passé l'été précédent, lors de la campagne de Flandre, marquée par la prise de Lille ainsi que de nombreuses places. Sur le qui-vive au moindre bruit, le serviteur couard ne se rassure qu'une fois à proximité de la maison. Avant d'entrer, pour mieux s'acquitter de son ambassade, il répète son rôle (I, 1). Mais il est interrompu par Mercure, qui garde la porte, après avoir troqué sa forme divine contre la ressemblance du valet. Sosie affecte un instant de plastronner, mais un soufflet lui rabat vite le caquet. Il ne rend toutefois les armes que lorsque Mercure, interrogé, s'avère au courant de ses actions les plus secrètes, le réduisant à s'en retourner tout penaud (I ,2). Les deux dernières scènes de l'acte forment une manière de diptyque : avec la tendre séparation de Jupiter et d'Alcmène, qui le prend pour son époux, puisqu'il a revêtu ses traits, contraste le désinvolte adieu de Mercure à Cléanthis, piquée par le dédain railleur que témoigne son prétendu mari pour ses appas — amusante coda que Molière ajoute de sa seule initiative, en guise de contrepoint. Le reste s'inspire de Plaute et de Rotrou. Mais le monologue initial, beaucoup plus étoffé que celui du poète latin, s'enrichit de toute la partie où Sosie joue pour lui-même, avec une autosatisfaction naïve, son audience devant sa maîtresse, passant avec une étourdissante virtuosité d'un rôle à l'autre. Et, dans la troisième scène, la spécieuse argumentation de Jupiter pour distinguer l'amant de l'époux ne doit rien non plus aux deux prédécesseurs.

Cet acte constituait l'exposition. Le suivant contient la péripétie, qui consiste dans le malentendu suscité par le retour inopiné du véritable Amphitryon. Intrigué par les propos incohérents que lui tient Sosie (II, 1), il interroge sa femme, non sans une inquiétude croissante. Tous deux se butent si bien que l'explication dégénère vite en querelle (II, 2). Suit un interrogatoire parallèle de Cléanthis par Sosie. Mais les réponses bien différentes qu'il obtient d'elle dissipent ses inquiétudes et sa jubilation exaspère encore davantage l'épouse dépitée (II, 3). Jupiter, cependant, revient en l'absence d'Amphitryon, qui s'est mis en quête d'un témoin capable d'appuyer ses dires (II, 4). Les deux domestiques ne peuvent interpréter ce retour simulé que comme l'indice d'un prompt revirement (II, 5). Le dieu joue trop bien les mourants de ruelle pour ne pas obtenir le pardon d'Alcmène et se raccommoder avec elle (II, 6). Sosie, de son côté, ne demanderait pas mieux que de se réconcilier avec sa propre femme. Cléanthis, intraitable, ne veut rien savoir (II, 7). Les scènes 1, 2 et 6 dérivent plus ou moins directement de Plaute, par l'intermédiaire de Rotrou. Tout ce qui se passe entre les valets appartient au contraire à Molière seul, de sorte que, tout au long de cette partie médiane, alternent et s'équilibrent l'imitation et l'apport original.

L'imbroglio ne se dénouerait pas, à l'acte III, sans l'intervention d'un *deus* non point *ex*, comme habituellement, mais *in machina*, puisqu'il faut, pour que tout rentre dans l'ordre, que Jupiter, dépouillant son apparence humaine, se manifeste dans son imposant éclat. Auparavant, Amphitryon, ayant perdu ses pas et plus proche que jamais de croire à son infortune conjugale (III, 1), se voit interdire avec insolence par Mercure, en humeur de le mystifier, la porte de sa propre maison, tandis qu'à l'intérieur sa place est occupée par l'intrus (III, 2). Bouleversé de l'apprendre, il résout de se venger (III, 3). L'arrivée de Sosie avec les deux capitaines auxquels il a transmis, de la part de l'imposteur, une invitation à dîner, ne peut qu'augmenter sa colère et son désarroi (III, 4), quand Jupiter, toujours sous son travesti, paraît. La confrontation tourne facilement à l'avantage du faux Amphitryon, dont l'impassibilité sereine contraste avec la rage impuissante de celui dont il dérobe l'identité : Naucratès et Polidas, contraints d'opter, se rangent dans son camp, de même que Sosie, qui n'entend pas perdre sa part du festin (III, 5). Mais, au moment d'entrer, il se heurte à Mercure qui l'en empêche et le réduit à rejoindre piteusement son maître expulsé (III, 6). Celui-ci revient, amenant Argatiphontidas et Posiclès à la rescousse (III, 7). Cependant la conclusion, à partir de là, se précipite. Naucratès (III, 8), puis Mercure (III, 9), avant de s'envoler vers le ciel, annoncent que le monarque des dieux va parler. Cette spectaculaire théophanie occupe l'essentiel de la dernière scène (III, 10) : elle n'est suivie que de la réflexion par laquelle Sosie coupe court à des congratulations embarrassantes. Molière, pour cet acte, suit encore Plaute ou Rotrou. Mais, reculant par souci de bienséance et de vraisemblance dans l'avenir l'accouchement d'Alcmène, il élimine du même coup tous les prodiges dont s'accompagne chez ses modèles la naissance d'Hercule. A la place, il insiste davantage sur la jalousie dont Amphitryon souffre les tourments, crayonne l'amusante silhouette d'Argatiphontidas, développe et rend plus finement épigrammatique la réflexion finale de Sosie. Bref, il abrège d'un côté, mais n'allège pas sans introduire de l'autre quelques enrichissements. Plus encore que pour ce qui précède, il se libère, dans ce finale, de toute servilité dans l'imitation.

La versification

Cette originalité s'affirme avec brio, tout au long de la pièce, par le choix, pour la mise en vers, de mètres variés, tantôt longs de douze ou dix syllabes, tantôt n'en comportant que huit ou sept, groupés entre eux par des rimes tour à tour plates, redoublées, alternées et embrassées. Molière n'invente pas ce souple système, qu'il substitue aux alexandrins de Rotrou : La Fontaine en avait usé dans quelques-unes de ses nouvelles, et les six premiers livres de ses *Fables* allaient, quelques mois à peine après *Amphitryon*, lui donner un nouveau lustre. Au théâtre, Corneille, toujours en quête d'innovation, l'avait essayé, pour la tragédie, deux ans plus tôt — sans convaincre — dans *Agésilas*, à l'Hôtel de Bourgogne, et les auteurs de pièces à machines, avant les librettistes d'opéra, ne s'interdisaient pas d'y recourir. Mais les vers irréguliers fleurissaient surtout dans les pièces légères ou les poésies de circonstance dont les beaux esprits se montraient friands au sein de la société mondaine. Molière lui-même, après *L'École des femmes*, avait, dans un preste *Remerciement*, exprimé sous cette forme sa reconnaissance pour les bienfaits reçus de Louis XIV. Ici, l'élasticité du vers qui librement s'allonge ou s'amenuise et rétrécit, semble donner des ailes au dialogue, lui communiquer une sorte d'allégresse bondissante, l'affranchir des contraintes imposées par la versification régulière où, comme l'observera Fénelon dans sa *Lettre à l'Académie française*, Molière en général réussit moins bien. Elle dote la ligne mélodique d'une flexibilité qui l'apparente au lyrisme et la rapproche du chant. Elle favorise un échange de répliques plus vif, plus diversifié, par là plus voisin de la conversation courante et qui pourtant stylise le langage ordinaire ou même familier. Elle ajoute aux traits comiques le piquant d'une formulation inattendue. Que Rotrou, qui cependant ne manque pas de vigueur, paraît pesant en comparaison ! Plaute même semble se traîner, auprès de cette rapidité, de cette grâce et de cette élégance. Une poésie comique s'invente, dans une espèce de merveilleux jaillissement, qui porte à regretter que Molière n'ait pas plus souvent renouvelé l'expérience. Le secret de cet art à la fois robuste et léger, après lui, s'est perdu.

L'œuvre et son public

Amphitryon fut très favorablement reçu, comme en témoignent, outre le nombre des représentations et le montant des recettes, les échos dans la presse de l'époque : « belle comédie », lit-on dans la *Gazette*, à l'occasion de sa première apparition devant la Cour, le 16 janvier 1668, trois jours après la création sur la scène du Palais-Royal. Robinet, qui dédie chaque semaine une *Lettre en vers* à Madame, écrit de son côté, le 21 du même mois, que Molière, « digne successeur » de Plaute, a travesti ses « deux Sosies » d'une manière

> A faire esbaudir les esprits,
> Durant longtemps, de tout Paris.

Du prologue jusqu'à la fin, poursuit le journaliste,

> L'aimable enjouement du comique
> Et les beautés de l'héroïque,
> Les intrigues, les passions
> Et, bref, les décorations,
> Avec des machines volantes,
> Plus que des astres éclatantes,
> Font un spectacle si charmant
> Que je ne doute nullement
> Que l'on n'y coure en foule extrême,
> Bien par-delà la mi-carême.

Il vante aussi la somptuosité des costumes, ainsi que le jeu des acteurs, tant dans les parties plus sérieuses que dans les plus bouffonnes. Sans préciser la distribution, il décerne surtout des éloges à la Nuit du Prologue, de même qu'à l'interprète d'Alcmène. Dans les mois qui suivent, il parle encore à différentes reprises d'*Amphitryon*, « qui remplit d'admiration » (11 février), « charmant et mignon chef-d'œuvre » (3 mars), « qui toujours plaît, toujours ravit » (17 mars),

> Le bel *Amphitryon* du ravissant Molière,
> Qui dessus le théâtre a fait tant de fracas,

et dont il annonce la publication chez Ribou (même date).

Grimarest rappellera de même en 1705 dans sa *Vie de Molière* que « l'*Amphitryon* passa tout d'une voix ». Il note néanmoins cette appréciation malveillante d'un « savantasse ». « Comment ! disait-il, il a tout pris sur Rotrou, et Rotrou sur Plaute. Je ne vois pas pourquoi on applaudit à des plagiaires [...] De semblables critiques n'empêchèrent pas le cours de l'*Amphitryon*, que tout Paris vit avec beaucoup de plaisir, comme un spectacle bien rendu en notre langue et à notre goût.

Boileau, s'il faut en croire le témoignage tardif du *Boloeana* (le recueil, publié par Losme de Montchesnay, ne paraît qu'en 1742) ne se montrait guère indulgent pour cette œuvre : « A l'égard de l'*Amphitryon* de Molière, qui s'est si fort acquis la faveur du peuple et même celle de beaucoup d'honnêtes gens, M. Despréaux ne le goûtait que fort médiocrement. » Partisan des Anciens, « il prétendait que le prologue de Plaute vaut mieux que celui du comique français », rejoignant sur ce point la savante Mme Dacier, qui, selon Voltaire, aurait écrit à ce sujet une dissertation, supprimée par elle depuis. Ennemi des galanteries alambiquées, le même Boileau « ne pouvait souffrir les tendresses de Jupiter envers Alcmène, et surtout cette scène où ce dieu ne cesse de jouer sur le terme d'époux et d'amant ». Le comique latin « lui paraissait plus ingénieux [...] dans la scène et dans le jeu du moi ».

Bayle, en 1697, dès la première édition de son *Dictionnaire historique et critique*, à l'article « Amphitryon », émettait une opinion diamétralement opposée ; estimant la pièce de Molière une de ses meilleures, il poursuivait : « Il a pris beaucoup de choses de Plaute, mais il leur donne un autre tour [...] Il y a des finesses et des tours dans l'*Amphitryon* de Molière, qui surpassent de beaucoup les railleries de l'*Amphitryon* latin [...] Combien d'ornements et de traits d'une nouvelle invention n'a-t-il pas fallu que Molière ait insérés dans son ouvrage, pour le mettre en état d'être applaudi comme il l'a été.

Par la seule comparaison des prologues on peut connaître que l'avantage est du côté de l'auteur moderne. »

Les mêmes idées se retrouvent en 1739 sous la plume de Voltaire, lorsqu'il rédige des notices pour une édition de Molière : il « a tout pris de Plaute, hors les scènes de Sosie et de Cléanthis ». Mais « tous les lecteurs exempts de préjugés savent combien l'*Amphitryon* français est au-dessus de l'*Amphitryon* latin », tant pour « cette espèce de plaisanterie que les Romains appelaient urbanité », que pour « l'économie de sa pièce », qui « réussit pleinement et sans contradiction », car elle offrait de quoi « plaire aux plus simples et aux plus grossiers comme aux plus délicats ». La donnée, observe Voltaire, choquait la bienséance : « mais soit par respect pour l'Antiquité, soit par suite de l'usage où l'on est d'adopter sans scrupule les rêveries les plus indécentes de la mythologie, soit que l'on fût déjà familiarisé avec ce sujet par *Les Sosies* de Rotrou, on n'y fit même pas attention. On se contenta d'admirer également et l'art avec lequel Molière avait mis en œuvre ce qu'il avait emprunté de Plaute, et la justesse de son goût dans les changements et dans les additions qu'il avait cru devoir faire ».

Dans leur *Histoire du théâtre français*, les frères Parfaict, en 1747, n'hésiteront pas à proclamer de leur côté la supériorité de Molière sur son prédécesseur immédiat : « Rotrou a fait choix d'un excellent sujet dans Plaute, et l'a traité du mieux qui lui était possible. Molière vint ensuite, qui corrigeant l'un et l'autre n'en prit que ce qu'il y trouva de meilleur, et par l'art et le génie qu'il y joignit, en composa un de ses chefs-d'œuvre. »

Sedaine, en 1786, transforme l'*Amphitryon* moliéresque en livret d'opéra, mais l'entreprise « ne réussit ni à la Cour, ni à Paris », remarque La Harpe, qui lui-même, un peu plus tard, dans son *Lycée*, reprend à son compte le jugement de Voltaire. Il y compare la pièce latine avec son adaptation par Molière : « On se doute bien, écrit-il de ce dernier, [...] qu'il a fait tous les changements, toutes les corrections que le goût peut indiquer, et que son dialogue est beaucoup plus châtié, plus précis, plus piquant que celui de Plaute.» Cette supériorité s'affirme dès le prologue, et le monologue initial de Sosie la confirme. Ailleurs, La Harpe constate encore : «On a toléré ce qu'il y a de plus licencieux dans le sujet, parce qu'il était donné par la Fable et reçu sur les théâtres anciens; et on a pardonné ce que les métamorphoses de Jupiter et de Mercure ont d'invraisemblable, parce qu'il n'y a point de pièce où l'auteur ait eu plus de droit de dire au spectateur : passez-moi un fait que vous ne pouvez pas croire, et je vous promets de vous divertir. Peu d'ouvrages sont aussi réjouissants qu'*Amphitryon*.» La Harpe justifie même, contre Boileau, cette «scène d'amour, à la première entrevue de Jupiter et d'Alcmène, qui devait nécessairement être un peu froide, comme toute scène entre deux amants satisfaits».

Geoffroy, critique écouté sous le Premier Empire, voyait dans *Amphitryon* «un ouvrage à part» : «C'est celui où l'auteur a mis le plus de grâce, de finesse et d'enjouement. On admire, dans ses autres pièces, le bon sens, le naturel, la force comique. Ici, c'est le goût et la délicatesse qui brillent.» Mais il se montre peu réceptif aux gentillesses galantes que débite le séducteur d'Alcmène : «Le maître des dieux n'avait pas ordonné à la Nuit de mettre ses coursiers au petit pas pour lui donner le temps de faire de longs discours. Ces subtilités, ces distinctions entre l'amant et le mari me paraissent peu dignes d'un roué tel que Jupiter.»

En Allemagne, Kleist, dès 1807, a tiré de Plaute et de Molière une adaptation profondément originale d'*Amphitryon*, dans laquelle s'expriment ses obsessions personnelles. Enrichissant le sujet d'implications religieuses, il met l'accent sur le drame d'Alcmène plus que sur celui de son époux et donne à l'héroïne une dimension quasi tragique. Livrée aux affres du doute sur l'objet de son amour — son mari lui-même, ou le dieu qui s'en présente comme une image mystiquement sublimée, attendue, appelée par elle à son insu ? — la jeune femme rendue par son innocence à l'unité de son être sort grandie de sa douloureuse épreuve.

Quelques décennies plus tard, en France, Michelet veut lire la pièce de Molière à la lumière des événements dont la cour de Louis XIV se trouvait alors le théâtre. Il établit un parallèle entre l'intrigue de la comédie et la « nuit de Compiègne » au cours de laquelle avait commencé, l'année précédente, la liaison du monarque avec Mme de Montespan. Il imagine même que, « sans un ordre précis » du roi, Molière n'eût « jamais osé » porter à la scène une donnée qui par son piquant à-propos prêtait à des allusions désobligeantes pour tant de personnes : « La chose était barbare, elle navrait la reine et La Vallière, et Mme de Montausier, M. de Montespan, tant d'autres. Molière n'eût pas fait de lui-même cette cruelle exécution. Il y déplore sa servitude. Que peut Molière ? Il sert, et servira. Car il n'a que son maître [...] » et compte qu'il finira par obtenir de lui l'autorisation de jouer publiquement *Tartuffe* : « Voilà le secret de Sosie, le salaire espéré de la farce, des coups de bâton. Il y a dans cette pièce une verve désespérée. Dans tel mot (du Prologue même) une crudité cynique que seuls les bouffons italiens hasardaient jusque-là, et qui, dans la langue française, étonne et stupéfie. » Mais Molière se venge de « la misère où on le fait descendre » : « S'il est battu, il n'en est pas un dans l'affaire qui n'ait aussi sa part. » L'insolent panégyrique des royales amours se doublerait-il, selon l'historien, d'une satire sous-jacente qui le contredit ? On se perd un peu dans ce dédale... Reste qu'à ce jeu « Molière-Sosie », dépersonnalisé, risque de perdre son âme : « Misère, misère profonde, gémit l'auteur de l'*Histoire de France*, contre la force injuste, de ne pas garder le mépris. » On saisit ici mieux que nulle part ailleurs comment, de parti pris, le romantisme aidant, on pousse au noir, arbitrairement, l'amertume que laisse affleurer par instants cette comédie à d'autres moments si vive et si légère. Bel exemple des aberrations auxquelles n'est, hélas ! que trop exposé depuis le siècle dernier notre théâtre classique !

Il devenait dès lors nécessaire de protéger la pièce contre la tentation de l'assombrir à l'excès, de manière à lui restituer son diaphane éclat. Cette redécouverte allait demander bien du temps. Sarcey se laisse, en 1883, griser par l'exquise mélodie de la versification : « C'est un enchantement d'entendre cette poésie si libre, si aisée, dont les rythmes se renouvellent sans cesse avec une variété incroyable, chacun d'eux s'accommodant à la pensée et la relevant par l'attrait d'une sonorité toujours spirituelle et juste. » Mais « rien de plus difficile à dire que le vers libre d'*Amphitryon* » : « Il ne faut pas dérober à l'oreille le plaisir de cette divine harmonie ; ce serait un meurtre que de ne pas faire sentir la musique de la phrase, et d'un autre côté cette phrase a si bien l'allure aisée de la conversation, qu'on doit craindre de lui faire tort en se complaisant trop au bercement de la mélodie. »

Maurice Boissard, alias Paul Léautaud, en 1922 (année où l'on célébrait le tricentenaire de Molière), à propos d'une représentation qu'il juge « excellente » par Cora Laparcerie dans le rôle d'Alcmène, mettra plutôt l'accent sur le comique : « *Amphitryon*, c'est l'apothéose du cocuage, en quelque sorte. Jupiter prend les traits d'Amphitryon, couche avec sa femme et s'amuse de leur mystification à l'un et à l'autre. Il y a dans les vers de Molière, dans cette œuvre, avec une grâce et une sensualité infinies, une moquerie et une bouffonnerie irrésistibles. »

Jean Giraudoux, en 1929, allait rendre au sujet, par une interprétation très personnellement originale, une jeunesse nouvelle. La comédie de Molière, loin d'être éclipsée par son célèbre *Amphitryon 38*, joué par la compagnie de Louis Jouvet à la Comédie des Champs-Élysées, bénéficia de sa vogue, qui lui valut, dans son sillage, comme un regain d'actualité. Cette influence heureuse de la version si finement modernisée sur le chef-d'œuvre classique se laisse discerner par exemple, en 1944, chez Copeau. D'entrée, dans la notice que le fondateur du Vieux-Colombier consacre à la pièce de Molière, il en résume à dessein l'essentiel en des termes aussi susceptibles que possible d'y sensibiliser les spectateurs de notre siècle : « Un dieu s'amusant à faire l'amour tandis que les hommes font la guerre, et se glissant au lit d'une honnête femme sous l'apparence du mari qui est au front ; l'arrivée du permissionnaire qui salue sa femme avec empressement et l'invite au plaisir dans le moment qu'elle vient d'en être rassasiée ; les quiproquos grotesques ou les jeux cruels qui s'ensuivent : ce sujet de vaudeville ou de tragédie découle d'une fable très antique, dont il paraît qu'on trouve la trace jusque dans l'Inde. » Peut-être estimera-t-on que ramener ainsi la pièce à quelque variation sur le thème traité par un Raymond Radiguet dans *Le Diable au corps*, équivaut presque à la trahir... Du moins Copeau sait-il apprécier en homme du métier le « sens du théâtre » dont témoigne ici le travail de recréation à partir de Plaute : « *L'esprit au-dessus de son ouvrage*, comme dit notre Poussin, voilà ce qui caractérise notre Molière. Voilà ce qui distingue essentiellement à mes yeux l'imitateur de son modèle », pourtant bien savoureux : « ce souffle de l'esprit qui délie, dégage, exalte, et dessèche un peu ce qu'il touche. Au premier regard jeté sur le texte de Plaute, Molière déjà réorganise. Il compose... et compose un peu trop. Tout va subir la domination du rythme pur et l'ordre d'un dessin si clair qu'il ne laissera subsister dans cet art, dit l'Allemand Goethe, *rien de caché, rien de difforme* ». Et voici qui montre que, dans l'intervalle, Giraudoux est venu : dans la distinction établie entre l'amant et l'époux par le dieu, « se laisse deviner la jalousie de Jupiter à l'égard d'Amphitryon dont on peut dire que, plus il le fourbe, plus il connaît l'amour que lui porte sa femme. Ainsi la comédie d'intrigue et le simple quiproquo se trouvent singulièrement et comme secrètement enrichis par une émotion vraie, par un drame latent qui surpasse les gourmades échangées dans la pièce latine, entre les deux rivaux ».

Envisagé dans cette perspective, l'*Amphitryon* de Molière ne pouvait tarder à susciter de nouveau l'intérêt des metteurs en scène. Après avoir été depuis 1947 inscrite par la Compagnie Madeleine Renaud/Jean-Louis Barrault à son répertoire, l'œuvre devait, dix ans plus tard, triompher également à la Comédie-Française, grâce en particulier au couple très remarquable d'interprètes que formaient, dans les rôles du maître et du valet, Jacques Charon et Robert Hirsch.

Vers clefs

Notre sort est beaucoup plus rude
Chez les grands que chez les petits.

(v. 168-169.)

J'aime mieux un vice commode
Qu'une fatigante vertu.

(v. 681-682.)

Ce moi plus tôt que moi s'est au logis trouvé ;
    Et j'étais venu, je vous jure,
    Avant que je fusse arrivé.

(v. 741-743.)

Tous les discours sont des sottises,
Partant d'un homme sans éclat ;
Ce serait paroles exquises
Si c'était un grand qui parlât.

(v. 839-842.)

    Et l'absence de ce qu'on aime,
Quelque peu qu'elle dure, a toujours trop duré.

(v. 866-867.)

La faiblesse humaine est d'avoir
Des curiosités d'apprendre
Ce qu'on ne voudrait pas savoir.

(v. 1083-1085.)

Le véritable Amphitryon
Est l'Amphitryon où l'on dîne.

(v. 1703-1704.)

Et l'on me dés-Sosie enfin
Comme on vous dés-Amphytrionne.

(v. 1860-1861.)

Un partage avec Jupiter
N'a rien du tout qui déshonore.

(v. 1898-1899.)

Le seigneur Jupiter sait dorer la pilule.

(v. 1913.)

Sur telles affaires toujours
Le meilleur est de ne rien dire.

(v. 1942-1943.)

Biographie (1622-1673)

15 janvier 1622. — Baptême à Paris de Jean-Baptiste
    Poquelin, fils d'un tapissier.
1636-1640. — Études au collège de Clermont, à Paris.
30 juin 1643. — La troupe de l'Illustre-Théâtre se
    constitue. Le futur Molière (il ne prendra ce
    pseudonyme, semble-t-il, que l'année suivante) et
    Madeleine Béjart signent l'acte d'association avec
    leurs camarades. Ils se produiront pour la première
    fois le 1er janvier 1644, au jeu de paume dit des
    Métayers, puis émigreront le 19 décembre suivant
    à celui de la Croix-Noire. Bientôt la compagnie
    périclite (Molière, le 2 et le 4 août 1645, est même
    emprisonné pour dettes). Elle est obligée de se
    disperser.
1645-1658. — Molière et Madeleine Béjart jouent en
    province, d'abord dans la troupe dirigée par Charles
    Du Fresne, que patronne le duc d'Épernon, puis
    dans la compagnie qu'ils dirigent eux-mêmes et
    que protège de 1653 à 1657 le prince de Conti.
1655. — Création, à Lyon, de *L'Étourdi*.
16 décembre 1656. — Création, à Béziers, du *Dépit
    amoureux*.

24 octobre 1658. — De retour à Paris, et désormais protégée par Monsieur, frère de Louis XIV, la troupe, dans la salle des gardes du vieux Louvre, joue devant le roi *Nicomède*, tragédie de Corneille, puis *Le Docteur amoureux*, petit divertissement composé par Molière en province, dont le succès lui vaut de partager en alternance avec les Comédiens-Italiens la salle du Petit-Bourbon.

18 novembre 1659. — *Les Précieuses ridicules.*

28 mai 1660. — *Sganarelle ou le Cocu imaginaire.*

11 octobre 1660. — Chassé sans préavis de son théâtre, qu'on va démolir, par M. de Ratabon, Molière obtient en échange la salle du Palais-Royal.

4 février 1661. — *Dom Garcie de Navarre ou le Prince jaloux.*

24 juin 1661. — *L'École des maris.*

17 août 1661. — Création des *Fâcheux* à Vaux-le-Vicomte, lors de la fête offerte au roi par le surintendant Foucquet.

20 février 1662. — Mariage de Molière et d'Armande Béjart, sœur ou, selon certains, fille de Madeleine, à Saint-Germain-l'Auxerrois. Le contrat avait été signé le 23 janvier.

26 décembre. — *L'École des femmes.*

1er juin 1663. — *La Critique de l'École des femmes.*

Entre le 16 et le 21 octobre 1663. — *L'Impromptu de Versailles*, créé à Versailles.

19 janvier 1664. — Naissance de Louis, fils de Molière, baptisé le 28 février. Parrain : le roi. Marraine : Henriette d'Angleterre.

29 janvier 1664. — *Le Mariage forcé*, créé au Louvre.

30 avril-22 mai 1664. — Molière et sa troupe séjournent à Versailles pour y participer aux Plaisirs de l'Ile enchantée. Le 8 mai, création de *La Princesse d'Élide*. Le 12, sont joués trois actes du *Tartuffe*.

15 février 1665. — *Dom Juan.*

4 août 1665. — Baptême d'Esprit-Madeleine, fille de Molière.

14 août 1665. — La troupe de Molière devient la Troupe

du Roi au Palais-Royal et reçoit une pension de 7 000 livres.

14 septembre 1665. — *L'Amour médecin*, créé à Versailles.

Fin décembre 1665-fin février 1666. — Molière gravement malade. Nouvelle alerte en avril 1667.

4 juin 1666. — *Le Misanthrope.*

6 août 1666. — *Le Médecin malgré lui.*

2 décembre 1666. — A Saint-Germain-en-Laye, création de *Mélicerte*, dont deux actes seulement ont été composés, qui prend place dans le *Ballet des Muses*, et que remplace à partir du 5 janvier 1667 *La Pastorale comique*, aujourd'hui perdue. Le 10 février, toujours à Saint-Germain et dans le cadre du même ballet, création du *Sicilien ou l'Amour peintre.*

5 août 1667. — Unique représentation, au Palais-Royal, de *L'Imposteur*, version remaniée du *Tartuffe*, interdite dès le lendemain.

13 janvier 1668. — Première représentation d'*Amphitryon* au Palais-Royal. Recette confortable : 1 668 livres, 10 sols. Le 16, la pièce est jouée aux Tuileries. Elle sera donnée sept autres fois en janvier, onze en février, dix en mars, une en avril (à Versailles), une en juin, le 29. Dernière le 1er juillet.

20 février. — Molière prend un privilège, enregistré le 6 mars, pour la publication d'*Amphitryon*, du *Mariage forcé*, du *Sicilien ou l'Amour peintre.*

5 mars 1668. — *Amphitryon* achève de s'imprimer à Paris, chez J. Ribou. On distingue, sous la même date, deux éditions : l'une, de cent pages, contient un sonnet de Molière au roi sur la conquête de la Franche-Comté, qui manque dans l'autre, longue seulement de quatre-vingt-huit pages.

15, 16, 18 ou 19 juillet 1668. — *George Dandin*, créé à Versailles, dans le cadre du *Grand Divertissement Royal.*

9 septembre 1668. — *L'Avare.*

5 février 1669. — Représentation publique du *Tartuffe*, enfin autorisée.

4 avril 1669. — Achève de s'imprimer *La Gloire du Val-de-Grâce*, où Molière loue son ami, le peintre Pierre Mignard.

6 octobre 1669. — *Monsieur de Pourceaugnac*, joué pour la première fois à Chambord.

4 février 1670. — *Les Amants magnifiques*, donnés pour le carnaval à Saint-Germain-en-Laye.

14 octobre 1670. — *Le Bourgeois gentilhomme*, créé à Chambord.

17 janvier 1671. — Création de *Psyché*, dans la salle des machines, aux Tuileries.

24 mai 1671. — *Les Fourberies de Scapin*.

2 décembre 1671. — A Saint-Germain-en-Laye est représentée pour la première fois *La Comtesse d'Escarbagnas*, un acte composé pour servir de préambule au *Ballet des ballets*.

11 mars 1672. — *Les Femmes savantes*.

1er octobre 1672. — Baptême de Pierre-Jean-Baptiste-Armand, fils de Molière. Le nouveau-né sera mis en terre le 12 du même mois.

10 février 1673. — *Le Malade imaginaire*.

17 février 1673. — Quatrième représentation du *Malade imaginaire*. Molière, qui tient le rôle d'Argan, pris en scène d'un malaise, meurt à son domicile, rue de Richelieu, dans l'heure qui suit. Il est inhumé de nuit, le 21, dans le cimetière Saint-Joseph.

Bibliographie

Le lieu d'édition, sauf indication contraire, est toujours Paris. Pour les ouvrages et articles anciens, se reporter à :

Cioranescu, Alexandre, *Bibliographie de la littérature française du XVIIe siècle*, t. II, Éditions du Centre national de la Recherche scientifique, 1966.

Éditions

Pour les éditions les plus anciennes, voir :

GUIBERT, A.-J., *Bibliographie des œuvres de Molière publiées au XVIIᵉ siècle*, 2 vol., C.N.R.S., 1978.

L'édition la plus complète actuellement disponible en librairie reste celle qu'a procurée Georges Couton à la Bibliothèque de la Pléiade en 2 volumes :

MOLIÈRE, *Œuvres complètes*, Gallimard, 1976.

Mais on peut encore consulter avec profit l'édition Eugène Despois et Paul Mesnard des *Œuvres*, en 11 volumes, dans la collection des Grands Écrivains de la France (Hachette, 1873-1893).

Ouvrages sur Molière

BRAY, René, *Molière, homme de théâtre*, Mercure de France, 1954.

COLLINET, Jean-Pierre, *Lectures de Molière*, Armand Colin, 1974.

CONESA, Gabriel, *Le Dialogue moliéresque. Étude stylistique et dramaturgique*, Presses Universitaires de France, 1983.

DEFAUX, Gérard, *Molière, ou les métamorphoses du comique : de la comédie morale au triomphe de la folie*, Lexington, French Forum Publishers, 1980.

DESCOTES, Maurice, *Les Grands Rôles du théâtre de Molière*, P.U.F., 1960.

HALL, H. Gaston, *Comedy in context : Essays on Molière*, Jackson, University Press of Mississippi, 1984.

HERZEL, Roger W., *The original casting of Molière's plays*, Ann Arbor, UMI Research Press, 1981.

HOWARTH, W.D., *Molière : a playwright and his audience*, Cambridge, Cambridge University Press, 1982.

JASINSKI, René, *Molière*, Hatier, 1969.

MAURON, Charles, *Psychocritique du genre comique*, J. Corti, 1964.

MONGRÉDIEN, Georges, *Recueil des textes et des documents du XVIIᵉ siècle relatifs à Molière*, 2 vol., C.N.R.S.,

1966 (*Supplément* par Jacques Vanuxem et Georges Mongrédien dans *XVIIᵉ siècle*, nº 98-99, 1973).

SALZMANN, Wolfgang, *Molière und die lateinische Komödie. Ein Stil- und Strukturvergleich*, Heidelberg, C. Winter-Universität Verlag, 1969.

TRUCHET, Jacques, *La Thématique de Molière*, C.D.U.-S.E.D.E.S., 1985.

Travaux sur Amphitryon

ASTRE, Georges-Albert, « Magies d'*Amphitryon* », *Cahiers de la Compagnie Madeleine Renaud/Jean-Louis Barrault*, nº 10, 1955.

CHATELAIN, Henri, « Le vers libre dans *Amphitryon* », *Mélanges [...] Ferdinand Brunot*, 1904.

CORNETT, Patricia L., « Doubling in *Amphitryon* », *Essays in French Literature*, nº 9, novembre 1972.

DYER, D.G., « *Amphitryon* : Plautus, Molière and Kleist », Oxford, *German Life and Letters*, avril 1952.

GENDRE, André, « Le Jupiter de Rotrou et Molière, ou le scandale justifié », *La Mythologie au XVIIᵉ siècle [...]*, Marseille, Archives communales, 1982.

GOSSMANN, Lionel, « Molière's *Amphitryon* », *Publications of the Modern Language Association*, juin 1963.

HÉBERT, Rodolphe-Louis, « An episode in Molière's *Amphitryon* and Cartesian epistemology », *Modern Language Notes*, juin 1955.

HÖLLER, Hans, « Der *Amphitryon* von Molière und der von Kleist. Eine sozial-geschichtliche Studie », *Germanische-Romanische Monatsschrift*, 3, 1982.

HUBERT, Judd D., « Les missions burlesques de Mercure », *Molière : stage and study. Essays in honour of W.G. Moore*, Oxford, Clarendon Press, 1973.

JASINSKI, René, « Deux Alcmène : de Molière à Giraudoux », *De Jean Lemaire de Belges à Jean Giraudoux. Mélanges [...] Pierre Jourda*, A.-G. Nizet, 1970.

LÜBKE, Diethard, « Kleists Umarbeitung von Molières *Amphitryon* », *Études germaniques*, juillet-septembre 1968.

McGLATHERY, James M., « Kleist's version of Molière's *Amphitryon* : Olympian Cuckholding and Unio Mystica », *Molière and the Commonwealth of Letters : Patrimony and Posterity*, Jackson, University Press of Mississippi, 1975.

McGOWAN, Margaret M., « Autour d'*Amphitryon* », *L'Image du souverain dans les lettres françaises des guerres de Religion à la révocation de l'édit de Nantes*, Klincksieck, 1985.

MARTINUZZI, Bruna, « Analyse spectrale d'*Amphitryon* », *Papers on French Seventeenth Century Literature*, n° 20, 1984.

RELIQUET, Philippe, « Dépossession et perte d'identité », *Comédie-Française*, 10 juillet 1983.

RÖMER, Paul, *Molières Amphitryon und sein gesellschaftlicher Hintergrund*, Bonn, Romanisches Seminar des Universität, 1967.

ROSSO, Corrado, « *Amphitryon 39* : per una nuova interpretazione delle *Anfitrione* di Molière », *Il Confronto Letterario*, novembre 1986.

SCHERER, Jacques, « Dualités d'*Amphitryon* », *Molière : stage and study*, édition citée.

TISSIER, André, « Structure dramaturgique et schématique de l'*Amphitryon* de Molière », *Dramaturgies. Langages dramatiques. Mélanges [...] Jacques Scherer*, A.-G. Nizet, 1986.

TRUCHET, Jacques, « A propos de l'*Amphitryon* de Molière : Alcmène et La Vallière », *Mélanges d'histoire littéraire [...] Raymond Lebègue*, A.-G. Nizet, 1969.

UBERSFELD, Anne, « Le double dans l'*Amphitryon* de Molière », *Dramaturgies. Langages dramatiques [...]*, édition citée.

VOISINE, Jacques, « Amphitryon dans le théâtre européen de la Renaissance », *Bulletin Guillaume Budé*, septembre 1954.

« Amphitryon, sujet de parodies », *Cahiers de l'Association internationale des Études françaises*, n° 12, juin 1960.

se rendre = to give one-self up, surrender;
se rendre à l'avis de qn = to bow to sb's opinion;
se rendre à l'évidence = to face the facts;
se rendre aux prières de qn = to give in or yield to sb's pleas. ___

(b) (aller) to go;
   se rendre à = to go to;
alors qu'il se rendait = as he was on his way to;

(c) se rendre compte de qch = to realize sth, be aware of sth; se rendre compte que = to realize that; be aware that; ___

désigner [dezine] to point out; [d'un mot] to refer to; tout le désigne comme coupable = everything points to his guilt; [b] [nommer] to appoint, designate (à un poste) To a post

Notes

Page 13.

1. Ce titre désigne Louis II de Bourbon, prince de Condé. Rétabli l'année précédente dans le commandement d'une armée, il venait de diriger les opérations lors de la rapide campagne lancée en plein hiver contre les Espagnols en Franche-Comté. Il soutenait ouvertement *Tartuffe*, dont la représentation publique demeurait interdite. Le 4 mars, veille du jour où s'achevait l'impression d'*Amphitryon*, Molière avait joué pour lui, dans son hôtel parisien, une nouvelle fois, en privé, la pièce non autorisée.

Page 14.

1. « Sans cesse » (Richelet) : de manière incessante.

Page 17.

1. L'idée vient de Lucien *(Dialogues des dieux)*, mais une gravure montrait, dans le *Dessein du poème de la grande pièce des machines de La Naissance d'Hercule, dernier ouvrage de M. de Rotrou*, plaquette publiée l'année de sa mort, en 1650, Mercure dans les airs, ordonnant à la Lune de suspendre sa marche.

Page 18.

1. « Petit carrosse léger » (Furetière). *Cf.* le « char traîné par deux chevaux » mentionné dans la didascalie du début.

Page 19.

1. Les obliger à se rendre.

2. Les plaines de Béotie (région de Grèce où Thèbes est située).

3. « Se dit [...] poétiquement des belles personnes qui donnent de l'amour » (Furetière). « Serait pour ne rien faire » : resterait inefficace.

4. Au sens du verbe latin *miror* : Jupiter m'étonne (*cf.* l'hémistiche suivant).

Page 20.

1. Allusion à quelques-unes des transformations évoquées dans les *Métamorphoses* d'Ovide, VI, v. 103-114. On y lit, à propos d'Arachné : « Le principal sujet de sa tapisserie sont les larcins amoureux de Jupiter. Elle lui fait passer la mer en forme de taureau, ayant Europe sur son dos [...] Après ce rapt, elle en peint un autre et fait voir ce même dieu déguisé en aigle avec Astérie, puis en cygne avec Lède [Léda] [...] Elle lui donne entrée dans la chambre d'Alcmène, sous le masque du faux visage d'Amphitryon [...] et le revêt d'une peau de serpent pour le faire jouir des baisers de la nymphe Deolis [Proserpine] » (Traduction de Nicolas Renouard, Paris, Mathieu Guillemot, 1622, p. 151. La première édition remonte à 1606). La dernière des légendes mentionnées ici par le poète latin reste obscure.

Page 21.

1. Ironique : ce nom est le maquerellage, puisque la Nuit se rend ainsi complice d'amours illicites (*cf.* les v. 140-141).

2. Le temps passé, le « bon vieux temps », où, dit Richelet, « on vivait mieux qu'on ne vit présentement ».

Page 22.

1. Nous sommes à peu près quittes.

2. Ces contestations.

3. Comprendre, comme au v. 1510 : là en bas (*cf.* la didascalie qui suit).

4. Vêtir : « mettre un habit sur son corps » (Furetière). Donc : revêtir.

Page 23.

1. Sosie, sous l'effet de la peur, s'imagine déjà surpris par une patrouille et répondant à son « Qui vive ? » (ou « Qui va là ? » : *cf.* le v. 309) avec le même opportunisme plaisant que la Chauve-Souris de La Fontaine dans la fable des deux belettes.

2. Sans pareille, inouïe.

3. Richelet, renvoyant à Molière, affecte cette tournure du signe qui la donne pour usitée seulement « dans le style simple, dans le comique, le burlesque ou le satirique », et la glose par : « jouer un tour ».

Page 25.

1. « Ce mot en termes de guerre signifie combat » (Richelet).

2. « Se dit quelquefois par admiration [...] : la peste, qu'elle est belle ! » (Furetière).

Page 26.

1. Comprendre : par crainte de.

Page 27.

1. « Mine, air » (Richelet, qui donne le mot, en ce sens, pour burlesque, et préconise la forme « encoulure »).

2. Assez de liberté pour...

Page 29.

1. « Trancher se dit encore ironiquement des fanfarons, de ceux qui affectent de paraître plus qu'ils ne sont » (Furetière, qui choisit la graphie « trencher »). « En train » : « se dit de la disposition à faire, ou à continuer quelque chose. » *(Ibid.)* Donc : en humeur de...

Page 30.

1. Sans qu'on vous dise rien.

2. « Qui se met aisément en colère » (Richelet).

3. Ce n'est pas encore assez pour qu'on s'arrête.

Page 33.

1. Sans risquer soi-même de recevoir du dommage ou des coups.

2. Cet *e* final de « Sosie » compte dans la mesure du vers pour une syllabe devant la consonne initiale du mot suivant.

Page 35.

1. On peut imaginer que Sosie allait ajouter : « ... que tu fasses », ou tout au contraire : « ... me l'avait jusqu'ici persuadé ».

2. « Apparence se dit quelquefois de ce qui est raisonnable » (Furetière).

Page 36.

1. « Commettre : employer, donner charge, donner ordre » (Richelet). Donc : chargé de...

2. « Ce mot au pluriel, et parlant sérieusement, signifie belles

actions, et est ordinairement de poésie » (Richelet). Emploi analogue au v. 1446.

3. Plût au Ciel qu'il le fût moins !

4. L'édition des *Œuvres* publiée en 1682, signalant comme supprimés à la représentation les v. 428-453, introduit avant le v 454 ceux-ci, qui devaient les remplacer à la scène :

SOSIE

Ce matin du vaisseau, plein de frayeur en l'âme,
Cette lanterne sait comme je suis parti.
Amphitryon, du camp, vers Alcmène sa femme
M'a-t-il pas envoyé ?

MERCURE

Vous en avez menti :

Au v. 451, comprendre : une grêle de coups suffisante pour t'assommer.

Page 37.

1. Comme on marque en France les criminels au fer rouge d'une fleur de lis sur l'épaule.

2. Il s'agit chez Plaute d'une coupe en or, chez Rotrou d'un « vase précieux où Ptérèle buvait » (*Les Sosies*, I, 3, v. 409). Le « nœud » de diamants désigne un riche bijou, qui sert d'agrafe.

Page 38.

1. *Cf.* Plaute, *Amphitruo*, I, 1, v. 432 : « C'est à croire qu'il était caché là-bas dans la bouteille. » Et Rotrou, *Les Sosies*, I, 3, v. 423-424 :

Je suis sans repartie après cette merveille,
S'il n'était par hasard caché dans la bouteille.

Page 39.

1. On peut comparer cet incognito que le dieu tient à conserver en se dissimulant dans les ténèbres, à celui de Cupidon quand il vient, dans *Psyché*, que publiera La Fontaine à peine plus d'un an après *Amphitryon*, rejoindre la nuit la jeune héroïne. D'autres rapprochements apparentent la comédie de Molière au roman mythologique du fabuliste : ainsi les leçons que le mari donne à sa jeune épouse sur la manière dont on compte les moments, quand on est bien épris, en l'absence de l'être aimé (v. 857-879, à comparer avec l'épisode de la grotte au livre premier de *Psyché*, *Œuvres diverses* de La Fontaine, Paris, Gallimard, Bibliothèque de la Pléiade, 1968, pp. 150 *sq.*) ; de même encore la tirade (v. 1234-1243) où la jeune femme, en

colère contre son époux, le regarde comme un « monstre effroyable » (*cf.* l'oracle ambigu qui plonge dans l'affliction les parents de Psyché, p. 138, *ibid.*). On sait que parmi les « quatre amis » de *Psyché* figure Gélaste, qu'on identifiait autrefois avec Molière. Cette assimilation qu'on tend à rejeter aujourd'hui se révélerait-elle plus fondée qu'on ne le croit ? Le Jupiter d'*Amphitryon* présente peut-être quelque air de parenté plus ou moins discrète avec Louis XIV, mais il ressemble davantage encore au dieu de l'amour dans l'ouvrage auquel travaille alors La Fontaine...

2. Ce pronom renvoie à « Mon amour » (v. 534).

Page 42.

1. Ce scrupule qu'on n'avait encore jamais vu.

2. La susceptibilité. « Délicatesse : bizarrerie scrupuleuse et raffinée » (Richelet). Même sens au v. 603.

Page 44.

1. Seule graphie donnée par le *Dictionnaire* de Richelet, qui définit le mot par « bonne chère » ; elle est nécessitée par la rime, au lieu de « régal », que connaît Furetière.

Page 45.

1. Un mal dont on ne souffre que parce qu'on s'est mis dans l'idée de le considérer comme un mal.

Page 49.

1. « Tant soit peu, un peu » (Richelet). *Cf.* déjà au v. 471.

2. C'est-à-dire : qui les exécute avec zèle.

3. *Cf.* Plaute, II, 1, v. 603 et Rotrou, *Les Sosies*, II, 1, v. 555-556 :

J'ai trouvé, quand bien las j'ai ma course achevée

— Quoi ? — Que j'étais chez nous avant mon arrivée.

Selon le *Boloeana*, p. 33, Boileau préférait ce dernier vers comme plus naturel que le distique de Molière qui lui correspond.

Page 52.

1. Qui se démène avec vigueur. Comparer : faire rage.

Page 53.

1. Autre chose que de l'eau.

Page 54.

1. Comprendre : nous acquitter de nos hommages envers les dieux. Pour cette valeur de la préposition « vers », *cf.* les v. 902 et 1317.

Page 57.

1. Puisque vous m'avez quittée. Construction participiale parfaitement correcte alors.

2. L'a devancée, anticipant sur elle.

3. Ce mot, en parlant du corps humain, signifie « fumée d'un sang échauffé qui monte au cerveau » (Richelet).

Page 58.

1. Amphitryon accuse Alcmène de le repaître de balivernes, avec cette prétendue vapeur.

2. Le concilier avec ce qui s'est réellement passé.

3. Une légère irritation.

Page 59.

1. Sans aucun doute. Même sens au v. 1049.

2. « On dit proverbialement qu'un homme a besoin de deux grains [mesure de poids équivalant à ce que pèse un grain d'orge ou de blé, soit la 484e partie d'une once] d'ellébore, pour dire qu'il est fou ; parce qu'on se servait autrefois d'ellébore pour guérir la folie » (Furetière). Au v. 941, « tourné » : dérangé.

Page 61.

1. On dirait aujourd'hui : dont il a su qu'on voulait l'en parer.

2. « Ce qui arrive inopinément, ou par hasard, qui surprend, qui change la face des choses » (Furetière).

Page 65.

1. Je n'en discerne pas encore bien le détail.

Page 66.

1. Sensible.

2. Pour ce qui me concerne.

Page 67.

1. « A tout hasard » (Furetière, *s. v.* « coup »).

2. « On dit [...] par manière de salut : Dieu vous gard [forme archaïque pour « garde »] entre gens fort familiers » (Furetière).

3. Ce qui me retient. Au v. 1096, « où va » : jusqu'où peut aller.

Page 68.

1. « On dit [...] faire le fin pour dire : ne vouloir pas expliquer ses sentiments » (Furetière).

2. Pas plus que je ne me souviens du reste.

3. On doit comprendre, semble-t-il : m'ayant mise en appétit pour d'amoureux ébats.

4. Te rappeler que tu es marié.

Page 70.

1. Vive Sosie !

Page 71.

1. Leurs fadaises.

2. Régler leur manière de vivre.

3. Ils nous la baillent belle... Au v. 1175, « cela conclut mal » : cela ne tient pas debout.

4. Estimables.

5. Recevable. Tout au long de cette discussion sur la médecine, se discernent des échos du *Médecin malgré lui*. Sosie et Cléanthis rappellent ici Sganarelle et Martine.

Page 72.

1. J'y suis trop intéressé.

2. Prendre sur moi de... (sous-entendu : te tromper).

3. Radoucir.

Page 73.

1. Celui d'Amphitryon, avec lequel Cléanthis confond Jupiter.

Page 76.

1. N'y a-t-il pas là de quoi pousser à bout ?

Page 77.

1. Les contrôle assez pour en être maîtresse. Pour toute cette tirade, *cf. Dom Garcie de Navarre*, III, 1, v. 770-781. Alcmène reprend le point de vue qu'y soutenait Élise contre Done Elvire, sur la jalousie, offense moins répréhensible que flatteuse comme témoignage d'un amour sincère.

Page 78.

1. Ici la personne aimée ; dans les vers suivants, « on » désigne au contraire l'amant.

2. Le mot doit être compté pour trois syllabes (inversement, au v. 1296, le *e* muet à l'intérieur du mot n'intervient pas dans la scansion).

3. On dirait de nos jours : à qui s'en prendre.

4. Rien qui puisse vous blesser.

Page 79.

1. Le pronom s'élide conformément à l'usage de l'époque, en poésie, quand le mot qui suit commence par une voyelle.

2. « Action qu'on fait mal à propos, et sans avoir bien pris ses mesures » (Richelet).

3. « Prétexte, finesse, biais peu sincère, [...] excuse » *(Ibid.)*.

Page 80.

1. De telle nature qu'il offense les hommes et les dieux. Ce qui suit, jusqu'au v. 1421, reproduit librement la réconciliation de Dom Garcie et de Done Elvire dans *Dom Garcie de Navarre*, II, 6, v. 679-729.

Page 82.

1. Comment ces deux époux se conduisent.

Page 83.

1. Réconciliation, raccommodement. Cette courte scène semble d'abord promettre, après le rétablissement de la concorde entre les maîtres, celui de la paix entre les valets, comme dans *Dépit amoureux* (IV, 4). Cependant, elle tourne court : l'acte se clôt non sur un plaisant effet de parallélisme, mais sur un contraste piquant. Vieux époux, en effet, Cléanthis et Sosie se différencient de Marinette et Gros-René, non encore mariés.

2. « C'est pour votre beau nez ; ces mots se disent par raillerie et veulent dire : ce n'est pas pour vous » (Richelet).

Page 85.

1. Ce supplément aux *Fâcheux* de naguère n'existe ni chez Plaute, ni chez Rotrou, mais rapproche également d'Alceste, dans *Le Misanthrope*, le mari d'Alcmène.

2. M'assaillir de leurs compliments et de leurs félicitations intempestives au milieu de mes soucis.

3. « Fuir » compte pour une syllabe (comme « hier » au v. 1468), « persécutions » pour cinq, à cause de la diérèse.

4. *Cf. Le Misanthrope*, I, 1, v. 41-48, et, pour le v. 1456, II, 2, v. 334-335, etc.

Page 86.

1. Entraîne mon esprit à passer et repasser (*cf.* le v. 1464) sur toutes les circonstances de ma disgrâce.

2. Au sens où l'on dit qu'on lève des scellés. Pour la suite, comprendre : si adroitement qu'on ne s'en aperçoit pas.

3. Il est impensable qu'on puisse se mettre à la place d'un mari, par fraude et tromperie, à la faveur d'une ressemblance. Au v. 1474, « rapports » : « Rapport se dit [...] de la ressemblance ou connexité que deux choses ont entre elles. Les visages de jumeaux ont d'ordinaire un grand rapport ensemble » (Furetière). *Cf.* le v. 1662, etc.

4. Cette contrée était connue comme un pays où l'on pratiquait la magie et les sortilèges (« charmes »). Lucius, le héros d'Apulée dans *L'Ane d'or ou les Métamorphoses*, lors d'un séjour en cette région, y reçoit par enchantement la forme d'un baudet.

5. La sonder à nouveau.

Page 87.

1. On traduirait familièrement « mettre hors de toute mesure » par : faire sortir de ses gonds, ou faire perdre la tramontane.

2. Référence burlesque à l'astrologie, selon laquelle on répartit les planètes en bénignes, comme Jupiter et Vénus, ou malignes : ainsi Saturne, Mars, etc. Mercure, en principe, est « indifférente au bien et au mal, et ne fait qu'augmenter la force des autres » (Furetière). Mais elle passe pour inspirer la ruse, et le dieu affecte plaisamment de ne pouvoir échapper à l'ascendant de l'astre qui porte son nom : « On ne peut forcer sa planète, pour dire son inclination, ou sa destinée » (*Ibid.*).

Page 88.

1. Qu'est-ce qui... « Là-bas » : là en bas. *Cf.* le v. 148 : Mercure parle depuis une terrasse, ou sur un balcon.

2. Entendons : toutes sortes de projectiles, tuiles, etc.

3. Passé en revue méthodiquement, toisé de bas en haut.

Page 89.

1. Le verbe « coiffer » peut signifier « enivrer » : « Gardez-vous de ces vins d'Orléans, ils sont fumeux et sujets à coiffer » (Furetière). Mais il se dit aussi « figurément en choses morales et spirituelles, et signifie s'entêter, se préoccuper en faveur de quelque chose. Les jeunes gens se coiffent volontiers des nouvelles opinions » *(Ibid.)*. Mercure traite Amphitryon de visionnaire et d'ivrogne en même temps.

Page 90.

1. Assurément.

2. Occupé à..., en train de...

3. Après une querelle d'amoureux.

Page 91.

1. Je n'attends plus rien (puisque Amphitryon se trouve au faîte des honneurs et de la gloire), donc je n'ai aucun ménagement à garder. Et tous les mouvements que je me donne ne doivent tendre qu'à la vengeance.

Page 93.

1. Latinisme : après que vous eûtes fait la paix.

Page 94.

1. Venir au rendez-vous.

Page 95.

1. On pourrait traduire, plus familièrement, par : cette fois, ça y est, plus de doute.

2. Évincés (mais par adresse et fourberie).

3. Une épée tirée suffit, disait-on depuis l'Antiquité, pour dissiper les fantômes et les ombres.

4. « Sortilège (avoir un caractère) » (Richelet). Il faut entendre : un objet ou papier marqué de signes cabalistiques lui conférant un pouvoir magique. Voilà le mari d'Alcmène plus complètement dépossédé que celui d'Elmire dans *Tartuffe*, puisque, dépouillé même de son identité véritable, il est dénoncé par son valet comme l'intrus et l'imposteur !

Page 96.

1. « Ne pas reconnaître une personne » (Richelet).

Page 98.

1. « Aimer, souhaiter quelque chose avec empressement et ostentation » (Furetière). Il faut comprendre : pour tenir à ce que cela se passe en public.

2. Je réunis les plus nobles chefs.

Page 99.

1. *Cf.* ce mot du second capitaine, chez Rotrou (*Les Sosies*, v. 1474) : « Point, point d'Amphitryon où l'on ne dîne point. » De là vient qu'Amphitryon, devenu nom commun par antonomase, est demeuré dans la langue pour désigner l'hôte qui vous reçoit à sa table. Rappelons que le dîner désigne, au XVIIe siècle, notre déjeuner.

2. « Abaisser » (Richelet) : le mot, qui vient du latin *humus* (terre), garde ici toute sa valeur étymologique.

3. « Imposer : tromper, en faire accroire » (Richelet). Même racine que les mots d'imposteur (*cf.* le v. 1707) ou d'imposture (*cf.* le v. 1716) et consonance analogue. Nulle part mieux que dans ce passage (v. 1705-1719), librement adapté de Plaute (*Amphitruo*, V, 1, v. 1040-1044) ou de Rotrou (*Les Sosies*, IV, 4, v. 1476-1486, où se trouvait aussi, d'entrée, le terme d'imposteur et qui s'appliquait trop à la situation de Molière lui-même, réduit à l'impuissance dans l'affaire du *Tartuffe*, mais comptant sur l'efficace appui du roi, pour ne pas le toucher à son point le plus sensible), ne se laisse discerner, frémissant, l'écho de son amertume personnelle.

4. Trouver une échappatoire. Jupiter, dans toute cette partie de la scène, tant par sa situation que par son attitude impassible, si différente de l'agressivité brutale qu'il manifestait chez Plaute, où les deux Amphitryons se colletaient, ainsi que chez Rotrou, qui le montrait prompt à dégainer, rappelle don Juan quand il accepte l'appel de don Alonse en combat singulier (*Dom Juan*, III, 4), ou relève le défi du Commandeur (*ibid.*, V, 8) : le maître païen des dieux offre ici l'image sublimée du séducteur athée.

Page 100.

1. « Secours qu'on doit donner à la justice » (Richelet). Amphitryon réagit en féodal : il assemble vassaux et clientèle pour se rendre à lui-même raison avec leur aide. Don Diègue et Rodrigue, dans *Le Cid*, après l'affront reçu du Comte, ne se conduisaient pas autrement.

2. Vous attabler.

3. « M'en donner » : sous-entendu : à cœur joie, locution que Furetière traduit par : « S'en donner tout son soûl, prendre d'un plaisir tout ce qu'on peut. » Au même vers, « en beau train » : en bonne disposition. Au v. 1743, « vaillantises » : « Vaillantise : vieux mot qui signifiait autrefois action de bravoure. Il ne se dit plus que des fanfarons et des capitans » (Furetière). Au v. 1744, « en venir aux prises » : ... avec les plats !

4. Celui qui flaire. Sous le verbe « flairer », le *Dictionnaire de l'Académie française*, en 1694, observe : « On prononce ordinairement fleurer. » *Cf.* du reste Monsieur Fleurant, l'apothicaire, dans *Le Malade imaginaire*.

Page 101.

1. Ironique : je vous l'arrangerai bien.

2. Leurs contestations.

3. « Prendre le pas devant : c'est entrer, ou passer le premier, en quelque maison, ou autre lieu sans présenter par civilité la porte à ceux qui sont avec vous » (Richelet). En d'autres termes : tu passeras partout le premier.

Page 102.

1. Se permet de... Se licencier : « s'émanciper » (Richelet).

2. « Altération d'esprit, qui est un commencement de folie » (Richelet).

Page 104.

1. Sous quelque éclairage qu'on les regarde.

2. Sans que pour autant l'honneur et l'amour les pardonnent.

3. Jupiter et ses invités, qui lui serviront de seconds si l'on doit se battre, comme Argatiphontidas y compte bien.

4. Nous demande de lui servir de second dans une affaire d'honneur.

Page 105.

1. Ne penche pas pour les tentatives d'accommodement, comme il s'en passe une, devant le tribunal des maréchaux, dans *Le Misanthrope*, entre Alceste et l'homme au sonnet, si difficiles à réconcilier à cause de l'entêtement dans lequel s'obstine l'atrabilaire. Argatiphontidas rappelle, sous un travesti grec, le Filinte trop obligeant des *Fâcheux* (III,4), qui veut à tout prix mettre son bras et son épée au service d'Éraste.

2. Sous-entendu : dans la maison.

3. En fait, en réalité.

Page 107.

1. « Licence, permission que donne un supérieur à un infé-rieur, qui le dispense d'un devoir à quoi il était obligé envers lui » (Furetière).

2. Seule forme donnée, pour « ambroisie », par Furetière aussi bien que Richelet.

Page 108.

1. Ou, selon Rotrou (*Les Sosies*, V, 6, v. 1809) : « lui sucrer le breuvage ».

2. « Appui » (Richelet).

3. Je ferai que le monde entier enviera ton heureuse fortune.

Page 109.

1. De la part de celui qui les présente aussi bien que de celui qui les reçoit.

2. C'est-à-dire : coupons court...

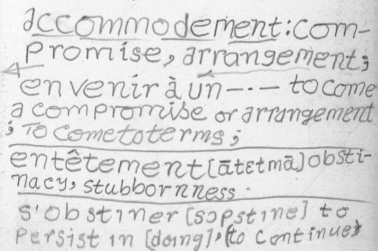

accommodement : com-
promise, arrangement ;
en venir à un — · — to come
a compromise or arrangement
; to come to terms ;

entêtement [ātetmā] obsti-
nacy, stubbornness

s'obstiner [sopstine] to
persist in [doing] · [to continue]

Table

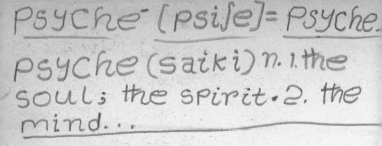

PSYCHE⁻ [psiʃe]= PSYCHE.
PSYCHE (saiki) n. 1. the
soul; the spirit. 2. the
mind...

Alcmene [alk mee nee

Crédit photos

Viollet-Lipnitzki, pp. 41, 55, 63, 75.
Philippe Coqueux, p. 97.

Composition réalisée par C.M.L., Montrouge

IMPRIMÉ EN FRANCE PAR BRODARD ET TAUPIN
Usine de La Flèche (Sarthe).
LIBRAIRIE GÉNÉRALE FRANÇAISE - 6, rue Pierre-Sarrazin - 75006 Paris.

ISBN : 2-253-04287-0   30/6379/9